場 所 原 論 II

建築はいかにして都市と統合できるか

隈 研 吾

市ヶ谷出版社

まえがき

　最初の『場所原論』を書いて、5年たちました。

　『場所原論』は、3.11の話から書き始めました。2011年3月11日、それまでの「日本」のすべてが、破壊されました。「日本」がガレキになっただけではなく、世界そのものが壊れてしまったように感じました。1755年のリスボン大地震で5万人の人が亡くなって、当時の人達は世界が終わってしまったように感じ、それまでの世界を支えてきた原理やシステムが、大地震と津波で洗いざらい流されてしまったように感じたのです。

　2011年に、僕もまったく同じことを感じました。20世紀の工業化社会を支えていた原理、システムがすべて無効となり、破綻したように僕は感じたのです。強いと思われていたコンクリートの構造体が、大自然の前では、ひとたまりもなく、破壊されたその姿は、「近代」あるいは「モダニズム」というシステムの終焉を象徴する風景でした。

　そのあとに、どう立ち直ったらいいのだろうか。ゼロからどう立ち上がったらいいのだろうか。そういうギリギリの思いで『場所原論』を一気に書き上げました。テーマは「小ささ」です。それぞれの場所から、小さな破片（たとえば木の板とか、一枚の石）を持ってきて、まずはそこから始めようという決意表明でした。身近にある小さいものから、自分を立て直し、土台そのものを失ってしまった建築という存在を、立て直そうと考えたわけです。

　それから、日本でも、世界でも、いろいろなことが起こりました。地震による原発事故のあとは、海外のいくつかの航空会社は、成田に飛行機を着陸させませんでした。このまま、日本には観光客が来ることもなくなり、日本は完全に世界から捨てられるのではないかと、多くの人が考えました。

　しかし、その日本で2020年のオリンピックが開催されることが決まり、驚くべきことに、海外からの観光客数はウナギ登りという状況です。

　まずは小さいものを頼りにして、小さいものから始めようと主張していた僕自身が、東京オリンピックのメインスタジアムを設計するという、自分でも信じられないようなことが起こりました。新国立競技場に限らず、新しい時代にあった新しいかたちの大きな建築を設計しなければならない状況がやってきたということです。

その状況になって、つくづく、大きいものは難しいと感じています。大きいというだけで、環境から浮いてしまうのです。どうしても、巨大な異物が出現したという感じになってしまうのです。「その違和感をどうしたら解決できるだろうか、その知恵を若い人に伝えたい」と思って書いたのが、この本『場所原論Ⅱ』です。

しかし実際には、若い人に教えたいなどという余裕など少しもなくて、自分自身で必死に「大きさ問題」解決の糸口を探しながら、その途中経過報告をしているという感じの本になりました。

考えてみれば、こういうテーマの本がなかったことのほうが不思議です。大きいものを、どう場所につなぐかは、建築の一番大事な課題なのです。しかも、それについて考える本がなかった。

なぜなら、異物感があることのほうが、大事だったからなのです。超高層という高い塔のような建物を建てて、都市の中で突出し、注目され、投資を集めることが重要だったのです。ピロティーという手法を用いて、建築という美しい彫刻を大地から切断して、特別なものに見せる時代だったのです。建築の本は「切断」の手法を教える教科書ばかりだったのです。

この本は、まったく逆を目指しています。どう「切断」するかではなく、どう「つなぐ」かがテーマです。その難しい課題に、みんなで一緒に挑戦してみようという本です。教えるなどと、偉そうに言うつもりはありません。自分がこんな苦しい目にあっているので、その大変さの一端を伝えたいだけです。

完全につなぐこと、完全に融合させることは無理かもしれません。だからこそ、大きいことを批判し、あるいは大きさをあげつらうのではなく、苦労を正直に伝えて、技を多くの仲間で共有しあうことが必要ではないかと僕は考えます。つなぐ方法は、形態論であると同時にコミュニティ論でもあります。

場所と建築がつながり、響き合うことができれば、自然と人が集まり、コミュニティが育ってきます。大きい建築にはそういう力があり、そういう可能性があるからこそ、苦労して、僕は大きい建築に挑戦しているわけです。

その努力を積み重ねていってはじめて、場所が戻ってきます。

「場所」が再び自分たちのものになるのです。

2018年3月　　　　　　　　　　　　　　　　　　　　隈　研吾

目　次

序論

———

「場所原論 Ⅱ」がめざすもの

粒子

———

孔

———

斜め

———

時間

序　論

戦争と切断

　場所と建築とを再び「つなぎたい」という思いで、『場所原論』（2012 年）を書き始めました。なぜなら 20 世紀に、場所と建築とが、残念ながら切断されてしまったからです。結果として、場所と人間とも、切断されてしまいました。場所から切断されて、人間は不幸になりました。場所から切断された人間は不幸です。その喪失感、むなしさが、僕に『場所原論』を書かせました。

　どのようにして、切断が始まったのでしょうか。建築が売買の対象である「商品」となったことで、切断が始まったのです。

　20 世紀以前、建築は、基本的に売買の対象ではありませんでした。一度建ててしまったら、親から子へと、家族の間で引き継がれていくものでした。売ったり、買ったりするものではありませんでした。

　ましてや、その差額で儲けようなどと考える人は、いませんでした。建築は少しずつ修理し、手直ししながら、長く使っていくものでした。そうしているうちに、建築は場所になじんで、ほとんど場所と建築との区別、地面と上物との区別がつ

かないようになる、というのが当たり前でした。建築は場所の一部だったのです。

　ところが、20 世紀に、この幸福な関係性が崩れます。引き金となったのは、2 つの大きな戦争です。戦争はしばしば、住宅難を引き起こします。復員兵の帰国と、戦後につきもののベビーブームで、大量の住宅が短期間に必要となりました。

　最もひどい状況になったのはアメリカです。アメリカ政府は、第一次大戦以降、郊外の住宅開発を進めることを国の基本政策としました。大規模住宅開発を推進するために連邦住宅局（FHA）を設立し（1934）、特別なお金持ちではなくても、誰もが簡単に住宅を買えるシステム、すなわち今日でいうところの住宅ローン制度をスタートさせたのです。これを持ち家政策と呼びます。

　その結果、レヴィッドタウン（図序・1）のような大規模郊外住宅がアメリカ中で出現し、そこで繰り拡げられる郊外型のライフスタイルが、20 世紀の生活のデフォルトとなりました。

　郊外は、何を書き込み、何を建ててもいいタブラ・ラサ（何も書かれていない板の意味）であ

図序・1　アメリカの郊外住宅の象徴：レヴィッドタウン

り、しかも安くて誰もが手の届く土地でした。その上に、人は自由に家を建てたり、建っている家を買ったり（建売りといいます）することができるようになったのです。この郊外というシステム、そのライフスタイルが、アメリカから世界へと拡がり、世界の住宅のスタンダードになったのです。

このスタンダードがもたらす新しい状況は、「ヨーロッパの終焉」と呼んでもいいでしょう。ここでいう「ヨーロッパ」とは、場所と建築、場所とコミュニティの幸福な一体感がある場所という意味です。実際にはヨーロッパ以外でも、このような関係、生活は、20世紀以前には普通のことだったわけです。日本でもアジアでもアフリカでも、場所と建築がひとつになっていることは、まったくあたりまえのことでした。

しかし、20世紀に「アメリカ」の出現で、この関係が崩壊します。アメリカは郊外を発明し、超高層を発明することで、この幸福な関係を破壊したのです。

さらに、アメリカ的なものがアジアへと拡大していったことで、いよいよ事態は深刻になりました。アジアの自然は、郊外によって、破壊され、アジアの都市は、超高層によって破壊されました。我々はそういう形で、アジアの危機にも直面しています。アジアをどう扱うかが、実はこの本の隠れた大テーマでもあります。

建築の商品化とドミノシステム

話を21世紀のアジアから、20世紀へと戻しましょう。20世紀は、人口爆発の世紀であると同時に、誰もが住宅を買える世紀となりました。まず住宅ローンというシステムが、庶民にも住宅が買えるだけのお金を用意し、さらに20世紀の工業力のおかげで、大量の住宅を短期間で建設することが可能となったのです。

大工さんがこつこつと家を作るのではなく、工場で作ったパーツをアセンブルするだけで、家が建つようになったのです。その結果、20世紀は、人類史上ではじめて、誰もが建築を買える時代となりました。建築がはじめて売買可能な商品となったのです。場所から切断された、売買可能な商品（コモディティ）となったのです。

20世紀の建築家は、この新しい状況に対して、敏感に反応しました。モダニズム建築という新しいムーブメントが20世紀初頭の建築に大転換を引き起こしますが、モダニズム運動をリードした建築家は、「建築の商品化」現象に最も敏感で、その流れにのろうとした人たちでした。

時代の流れの読める、目先の利いた人達でした。今では巨匠などと呼ばれていますが、実はトレンドに敏感な人達がモダニズムをリードしたの

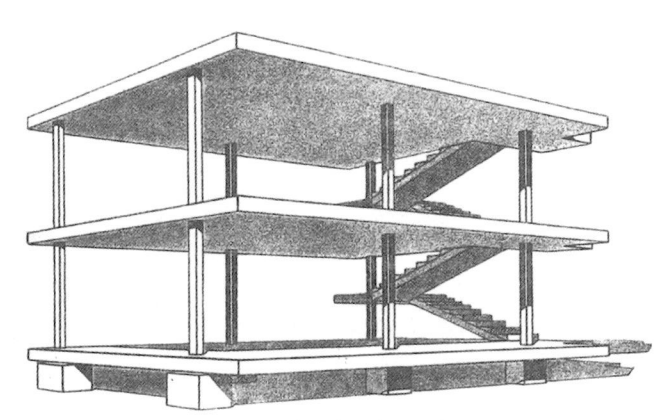

図序・2　ドミノ・システム：ル・コルビュジエ（1914）

です。

モダニズム建築のリーダーであったフランスの建築家 ル・コルビュジエは、コンクリートのエンジニアであったマックス・デュボアと共同で、ドミノ（1914、図序・2）と呼ばれる住宅の大量生産システムを発表しました。

重たい壁を中心として構成される 19 世紀的な垂直な空間構成に替わる、水平的空間構成の新提案です。水平なコンクリートの床（スラブ）とそれを支える細い柱を組み合わせた、水平的空間構成がドミノです。

この空間構成をベースにして、すべての 20 世紀の建築は造られるようになったと、普通は教えられています。壁のない水平スラブの上に、自由に間仕切りを立てることが可能になって、20 世紀の自由な空間が生まれたという説明です。すなわちドミノを自由でフレキシブルな空間構成の発明であるとする見方です。

しかしドミノの本質は、工場で生産された規格部材の組み合わせで、大量生産が可能になることでした。大量生産こそ、20 世紀という時代の要請でした。

石やレンガをひとつずつ積んで壁を建てるやり方は、遅すぎて大量生産の時代についていけないというのが、コルビュジエの見方でした。

フランドル地方の、第一次大戦後の破壊された街を見て、コルビュジエはドミノを思いついたと伝えられています。ドミノは戦争からの復興のためのプレハブシステムの提案でしたが、意地悪な見方をすれば、コルビュジエはドミノのスピーディな大量生産システムによって、時代にのって、ひと儲けしようと企んだのです。

ピロティによる大地との切断

さらにコルビュジエは、20 世紀の住宅建築の最高傑作と呼ばれるサヴォア邸（1931、図序・3）で、大地と切断された建築のプロトタイプを示しました。

サヴォア邸は、柱で建築を浮かせるピロティ型建築の代表作品と考えられています。コルビュジエはピロティ空間を提唱し、ピロティによって、大地を人々に開放することを提案しました。しかし、残念ながらサヴォア邸のピロティはただの薄暗い車寄せでしかなく、僕はがっかりしました。

コルビュジエの目的が「大地の開放」ではなく、「大地との切断」であったことは明らかです。白い箱を、大地と、その建っている場所と切断し、空中に浮かせることが、彼の目標でした。

白い箱を浮かせることで、人々に強くアピールする印象的な建築を造れることを、コルビュジエは知っていたのです。大地と切断された白い箱が、最も美しい 20 世紀住宅と呼ばれたのです。

図序・3　サヴォア邸：ル・コルビュジエ（1931）

冷蔵庫、洗濯機、テレビと同じような、切断された白い箱に、建築もなりたがったのです。工場で大量生産された白い無機的な箱になりたいというのが、20世紀建築の夢だったというわけです。わざわざやさしくて大切な暖かい大地を捨てて、冷蔵庫になりたかったわけです。そんな時代の夢をみごとに形へと翻訳した建築家、すなわちコルビュジエが、結果的に20世紀のヒーローとなったわけです。

しかし、はたして場所から切断された白い箱で、人間は幸せになれるのでしょうか。白い箱は、大量生産には適していますが、人間という生物が棲むのには適していません。白い箱は生産のロジックの産物ですが、人間というロジックには反しています。工業化社会が人間に白い箱を押し付けて、人間は不幸になりました。

人間という小さくて弱い生き物は、大地に寄り添い、大地に依存することで、かろうじて生きているわけです。人間をもう一度、大地とつなぎあわせることが、工業化社会後の建築の、最大のテーマであると、僕は考えています。

そのような気持ちで『場所原論』（2012、図序・4）を書き始めました。場所とつながることの重要性から書き始めました。

大災害が場所の重要性を再認識させるきっかけになったことにも、触れました。大災害が人間という生き物の弱さに気づかせてくれたのです。工業化社会の中で、人間は自然を征服できると、思いあがったわけです。しかし、強いはずのコンクリートで作った箱も、津波の前ではまったく無力でした（図序・5）。大地とつながり、大地を媒介として人と人とがつながらなければ、人間ほど弱い生物はいないのです。

では、どうやってつなげればいいのでしょうか。実際に場所と建築をつなげるためには、精神論では不十分です。大地と建築とをつなげるための、具体的な方法についての分析と経験とが必要です。大地もいろいろだし、建築もいろいろなので、いろいろなつなげ方があります。それを若い人に伝え、残したいと考えました。

その思いで書いたのが、今回の『場所原論II』（2018）です。僕らが実際に試し、効果を確認してきた具体的な事例を、ここでは数多く取り上げました。

つなぐために書かれた書物

場所と建築とをつなぎ直すことをテーマとした

図序・4　場所原論

図序・5　津波のあとの南三陸町で（2011.3）

書物は、今までにもありました。

オーストリアの都市計画家 カミロ・ジッテ（1843 ～ 1903）は、『広場の造形』（1889、図序・6）を書き、ヨーロッパの中世の広場の魅力を分析しました。中世の広場では、場所と建築とが最も幸福な関係でつながれていて、どこまでが場所で、どこまでが建築なのかを問うこと自体、意味がないほどの一体感です。

広場は、つなぐための大切な武器となります。しかし、中世の広場はあまりに完璧すぎて、新しく建築を造ろうとする人は、むしろ気おくれしてしまう恐れがあります。『場所言論Ⅱ』では、僕らが作った新しい広場、現代のオープンスペースの例を取り上げてみました。

ウイーン出身のアメリカ人 バーナード・ルドルフスキー（1905 ～ 1988）は、『建築家なしの建築（Architecture Without Architects）』（1964、図序・7）を書き、建築家という「アーティスト」登場以前の集落で、いかに場所と建築とが融合しているかを示しました。建築家という「アーティスト」が、自分の「作品」を作ることに対する、痛烈な批判の書物です。

僕はこの本から大きな影響を受けて、大学院時代にアフリカの集落調査に出かけました。この本がなければ、サハラ砂漠を縦断しようなどという気にはならなかったでしょう。サハラ砂漠とその周囲のサバンナ地域に拡がる集落群の調査は、僕にとって大きな財産になりました。

建築家なしの集落は、様々な知恵に満ち、しかも多様で、驚きの連続で、あっという間に二か月の旅が終わりました。その意味でルドルフスキーと、旅のリーダーだった原広司先生は、僕の恩師です。

しかし、ルドルフスキーの本もまた、「昔の良さ」を伝えてはくれますが、新しい建築を設計するための、具体的な方法については、あまり教えてくれません。

ポストモダニズムと建築商品化の加速

アメリカの建築家、ロバート・ヴェンチューリ（1925 ～）が書いた、『建築の多様性と対立性（Complexity and Contradiction in Architecture）』（1966、図序・8）も、コルビュジエ流の、場所から切断された白い箱に対する、痛烈な批判の書物でした。20 世紀後半に世界を席捲することになったポスト・モダニズム建築の聖典となった、きわめて知的な書物です。

この中でヴェンチューリは、モダニズム建築の原理であった単純さを批判しました。単純な形態を売りにした「白い箱」の貧しさを批判し、複雑なシルエットの建築、複雑な皮膜——例えばアルヴァ・アアルトがたびたび試みたようなダブルス

図序・6　広場の造形

図序・7　建築家なしの建築

図序・8　建築の多様性と対立性

キンの価値、豊かさを分析したのです。(図序・9 アカデミア書店)

　しかし、今読み返してみると、この本も、結局は建築という単体のデザインの新手法について記述した本であって、建築と場所との関係についての本ではなかったように感じられます。その建築の建つ地面に、建築を接続し、なじませるための具体的方法の記述はありませんでした。

　それはヴェンチューリ自身が実際に設計した建築(「母の家」ロバート・ヴェンチューリ(1963、図序・10))から与えられる印象と同じです。

　「母の家」は、建築デザインとしては適度に複雑で、ウィットもあり、大変おもしろい作品です。しかし芝生の上に置かれた、孤立した「箱」であることには変わりありません。20世紀の郊外住宅の孤立と切断を超えるものではありませんでした。

　ヴェンチューリの影響のもとに、大きなムーブメントとなったポストモダニズム建築も同じ問題を抱えていました。ポストモダニズムは歴史的様式をまとった、「新しい意匠の箱」として、モダニズムの「白い箱」に置き替わっただけでした。建築デザインの新しい流行とはなりましたが、場所と建築との関係に対しての提案はありませんでした。場所と建築とは切断されたさびしい状態のままでした。20世紀という「商品化の時代」の

限界を、ポストモダニズムもまた超えられなかったのです。

　ポストモダニズム建築が吹き荒れた1980年代に、建築の商品化が一層エスカレートしたのは偶然ではありません。ポストモダニズムは、商品に更なる付加価値を加えるための薄っぺらな意匠として使われてしまったのです。

　80年代は、資本主義のシステムが大きく変化した時代です。生産行為を中心として動いていた資本主義の時代が終わり、金融ビジネスを中心とする資本主義、悪く言えば投機を中心とするバクチ的な資本主義へと、世界システムが転換したのです。その投機の対象として選ばれ大人気となったのが、派手な衣装をまとったポストモダニズム建築でした。かくして、ポストモダニズムはアメリカでも日本でも、バブル経済の制服となってしまったのです。

ジェーコブスによる都市の再発見

　『白い箱』批判の書として、僕がより重要であると考えるのは、アメリカのジャーナリスト、ジェーン・ジェーコブス(1916〜2006)の書いた『アメリカ大都市の死と生(The death and life of great american cities)』(1961、図序・11)です。

図序・9　アカデミア書店

図序・10　母の家：ロバート・ヴェンチューリ (1963)

彼女は「箱」のデザインについて論じるのではなく、ハコの集合体としての都市を分析し、「切断された箱」によって作られた 20 世紀都市が、いかに人間にとって魅力のないものであるか、人間を拒絶した殺伐とした都市であるかを批判しました。彼女はその本の中で、魅力的な都市の備える 4 条件を挙げました。

①街路の幅が狭く、曲がっていて、一つ一つのブロックの長さが短いこと。

②古い建物と新しい建物とが混在すること。

③各地域は 2 つ以上の機能を果たすこと。

④人口密度ができるだけ高いこと。

この 4 つの原則は、僕の「場所原論Ⅱ」の中であげた、4 つの方法とも響き合っています。ジェーコブスは、道路と建築との切断を批判し、住宅地域と商業地域、工業地域の切断を批判しました。20 世紀の都市計画が、切断を基本的な手法としてきたことを、ジェーコブスは徹底的に批判したのです。用途の異なる地区同士を切断することで、騒音をはじめとする環境問題の発生を回避するのが、20 世紀都市計画のやり口でした。

産業革命によって生まれた劣悪な都市環境を救おうという考えが出発点だったわけですが、その手法はあまりに乱暴で、暴力的でした。「臭いものには蓋をする」という考えが、20 世紀都市計画のベースだったわけです。

ジェーコブスは、20 世紀都市に潜む様々な切断を暴き出し、批判しました。切断批判の先駆者となり、その結果、建築という領域を超えた幅広い読者を獲得しました。社会的にも大きな影響を与え、いまだに信奉者がたくさんいます。

僕自身、「箱」の集合体としての都市についての具体的なロジックを探そうとして、ジェーコブスからも多くのことを教わりました。ジェーコブスによって都市の楽しさが再発見されたといってもいいでしょう。

20 世紀は人口が増大し、都市が次々誕生していたにもかかわらず、人々は、建築のことばかりに目を奪われていて、都市のことをしばらく忘れていたのです。都市という大きなスケールで考えることを放棄し、建築という単位を、ただたくさん建てることに邁進したのです。その意味で、この世紀は、たくさん建てることだけが目的であった世紀でした。乱暴で未熟な世紀でした。ジェーコブスは、この土建業の世紀を批判したのです。

本書は、建築や広場という空間のデザインに焦点をあてて、ジェーコブスが指摘した問題に対して、具体的な解答を示そうとしました。批判するだけでなく、今は解答が必要なのです。そういう形で、僕は敬愛するジェーコブスを引き継ごうと考えたのです。

図序・11　アメリカ大都市の死と生

図序・12　S、M、L、XL

コールハースによるスケールの発見

　具体的な空間に関する分析という点では、現代を代表する建築家 レム・コールハースによる『S, M, L, XL』(1995, 図序・13) が非常に重要な書物であると、僕は考えます。

　コールハースは、20世紀後半以降の、最も重要な建築家です。コルビュジエやヴェンチューリが基本的には「箱」についてだけ論じ、ジェーコブスが「社会」や「都市」についてだけ論じたのに対し、箱と都市の間をつなぐ中間的なものについて、コールハースは具体的に論じています。一番無視され続けてきたものに、目を向けたのです。僕がこの『場所原論Ⅱ』でやろうとしていることと、同じ視点です。

　Sはスモール、Mはミディアム、Lはラージ、XLはエクストラララージの略です。建築物の「大きさ」というものに関する、世界で初めての徹底的な分析といってもいいでしょう。

　すべての建築が小さかった19世紀以前には、誰も建築の大きさについて論じようなどとは考えませんでした。建築論の原点ともいわれる古代ローマの建築家ウィトルウィルスによる『建築論』以来、すべての建築書はスケールを無視してきました。いわば建築家は、建築を模型の一種だと考えて、その建つ場所と無関係に、単体でかっこいいか悪いかを、論じてきたともいえるのです。

　20世紀になって、写真が一般的になって、いよいよその傾向は激しくなりました。写真も、基本的には大きさを伝えてくれないのです。行ってみてはじめて、大きくてびっくりしたりするわけです。建築が小さければ、建築は自動的に大地とつながり、場所とつながるので、写真を使って大抵のところは想像できます。しかし、建築が大きくなることで、様々な問題が生まれてきます。すなわち量か質の問題に影響してくるのです。大きな建築は、質的に、大問題を抱え込むのです。

　まず、建築が小さければ、自動的に建築と場所とは、幸福な関係を取り結ぶことができます。建築の小ささに関心のある人は、僕が書いた『小さな建築』(岩波新書／2013, 図序・14) も読んでみてください。建築が大きくなる一方の悲しい時代に、『小さな建築』を造ることの楽しさに焦点をあてて書いてみた本です。「小さい建築」という武器を作って、大きい建築を批判しようとした本です。

　しかし、経済の規模とスピードが拡大することで、建築が大きくなることは避けられません。「小さい建築」だけでは、世界は成り立たないのです。建築史は建築の巨大化の歴史でもあったのです。20世紀、21世紀と、その巨大化のスピードは加速化する一方でした。そのときに大きな建築はどのようなものになってしまうのか。どのようなものにならざるをえないのか。

　コールハースは、この大問題と初めて正面から向き合った勇気ある建築家といえるでしょう。

図序・13　小さな建築

20世紀に建築が商品となり、資本主義の進化によって、建築という商品のスケールは加速度的に大きくなりましたし、さらに大きくなり続けています。そして、人口規模が半端でないアジアという場所に、開発の波が起こったのです（図序・15）。それがコールハースにこの本を書かせたといってもいいでしょう。

アジアが建築を変え、建築理論を変えたわけです。その巨大化の波によって、建築がどう変身するかを、コールハースは冷静に観察します。コールハースは、アジアという問題と初めて向き合った建築家とも言えます。そこにコールハースという建築家の現代性が潜んでいるわけです。

世界のテーマパーク化

まず、巨大化した建築は、必然的に外部との関係が希薄になると、コールハースは指摘します。考えてみれば当然のことです。大きな建築の真ん中にいると、外部の景観を眺めることはできず、外部の光、風を感じることもできなくなります。天気がいいのか悪いのかもわからず、昼か夜かもわからなくなります。それが大きな建築の宿命です。そのとき建築は、必然的に内部だけで完結した世界を創造しようとする傾向があることを、コールハースは発見するのです。

いわば、すべての建築のテーマパーク化です。建築の内部に、ひとつの完結した小宇宙を作っ

て、閉鎖的で、いたたまれない内部を救済しようという手法です。テーマパークは閉じていて、場所とつながっていないことが必要でした。

だから、夢を見ているような気分になれるのです。入場料を払う気にもなるし、中でたくさんお金を使う気分にもなるのです。すなわちテーマパークとは、場所と切れてしまった空間を、救済したかのごとくに感じさせる苦しまぎれの方法でした。

ショッピングセンターも空港もテーマパーク化し、（図序・16）格調高いはずだった美術館ですら、テーマパーク化しつつあることを、コールハースは指摘します。そう言われると、思い当たることがたくさんあります。

コールハースは、基本的に、偽悪的でニヒリスティックなパーソナリティを持っています。建築が巨大化するのも仕方がないし、巨大化したならばテーマパーク化するのも仕方がないというのが、彼の論の進め方です。世界のテーマパーク化の様々なヴァリエーションを、おもしろおかしく、彼は見せてくれます。

こんなとんでもない、ひどい時代に、建築が世界を救えるといった類の、甘ったるい夢みたいなことを言っている「おめでたい、お人よし」を、コールハースは徹底的に馬鹿にします。

その俗悪で把握しようのない環境の中を、人は仕掛けにだまされながら、さまよっているということを、コールハースはシニカルに指摘します。

図序・14　アジアの風景

世の中のすべてが馬鹿に見えて、見えているコールハースだけが、賢くてかっこいいという、ナルシシスティックな図式です。

偽悪趣味を超えて

コールハースの偽悪趣味は、彼個人の指向というより、一種の世代的な病のようにも感じられます。モダニズムをリードしたコルビュジエたちも、ポストモダニズムを引っ張った建築家（主に1930年前後の生まれです）も、自分たちの理念で世界は救われるというロジックに基づく、楽観的で、ある種革命家的な物言いをしました。しかし、実際にモダニズム、ポストモダニズムの建築によって形作られた20世紀の都市は、すべてが切断され、バラバラになって、おぞましい非人間的な環境になりました。

コールハースは、モダニズムに対しても、ポストモダニズムに対しても、そのような冷ややかなまなざしをもっていました。そこから彼の偽悪的スタンスが生まれます。建築はそもそも一種の悪であり、建築家も悪人であるとコールハースは考えています。

日本で70年代以降、最も影響力のある建築家であった磯崎新氏（1931～）にも同じような偽悪的傾向が見られます。建築という行為、建築家という存在自体を軽く見て、その上位にアーティストという特別な存在があるというのが、磯崎氏

の世界認識でした。その構図を使って、彼は自分を普通の建築家の上位に置いて、建築界で大きな存在となったのです。

アジアという新しいフィールドの出現が、この偽悪趣味を加速したとも言えるでしょう。アジアという新しく勢いのある世界が出てきて、ヨーロッパやアメリカの人間が、偽悪的でやけっぱちになるのはわかりますが、当のアジアにいる僕らは、開き直ってなどいられないと、僕は考えます。アジアにはすぐにも解決しなければならない問題が目の前に山ほどあるわけですから、まず自分ができる手近かなことから始めなければいけないのです。開きなおりは、結局は建築家の自己保身の手段でしかなく、開き直りからは何も生まれません。

むしろ、コールハースや磯崎流の偽悪趣味は建築家の立場を弱めるだけです。建築界というグループの、社会の中での立場を貶め、弱めているだけです。自分たちのことを悪人といっているような人のことを、誰も信用したりはしません。本人だけがかっこいいかもしれませんが、建築とか都市というものに対して、ポジティブな提案がしにくくなってしまいます。

ポジティブで前向きな提案をする人間は、お人よしのお馬鹿さんに見えてしまうからです。偽悪と開き直りの代りに、地道な努力こそが今の時代に最も必要なのです。

図序・15　テーマパーク化したショッピングモール

『場所原論Ⅱ』がめざすもの

　この『場所原論Ⅱ』の隠れた目的は、コールハースの「S, M, L, XL」のニヒリズムを超えることです。偽悪趣味とニヒリズムを超えて、このアジア的現実に対してポジティブに踏み込むことを目標としました。

　大きな建築でも、テーマパークとならずに、すなわち内部にフィクショナルな閉じた世界を作らずに、外部と接続し、場所と接続できる方法を示すことが、『場所原論Ⅱ』の目的です。

　しかも、抽象的に、観念的に理想を説くのではなく、具体的に、実例を用いて、この過酷な現実に対する処方箋を示そうと考えました。

　4つの具体的な、きわめて即物的な手法に整理して、僕が手掛けた実例を使って説明したいと思います。

　「粒子」、「孔」、「斜め」、「時間」、この4つは僕の設計思想の中核にある方法です。コルビュジエは近代建築の5原則という形で、彼の方法を整理しましたが、僕は4つにまとめてみました。

　実際には、この4つを足したり、掛けたりしながら、建築の建つ場所にあわせた解答をひねり出しているわけです。

大きさとつきあう

　この10年間で、僕が関わる仕事の規模は、少しずつ大きくなりました。普通はプロジェクトが大きくなると、建築はつまらなくなるといわれています。建築家は小さい住宅を設計しているうちはいいけれど、有名になって大きな建築の設計を始めると作品がつまらなくなるといわれています。コールハースが言うように、大きくなることで外部が遠くなってしまいます。すなわち、必然

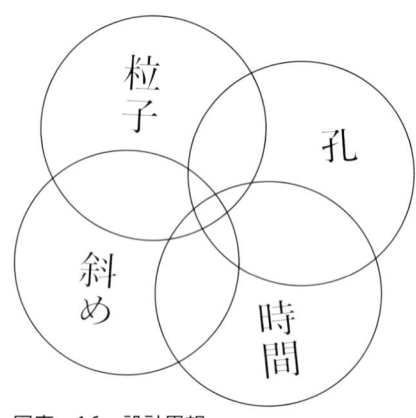

図序・16　設計思想

的に巨大で閉鎖的な内部が生まれ、場所と建築とが切断されるのがひとつの原因です。

　もうひとつの原因は、建築が大きくなることで、大量の図面を書く必要が生まれ、検討がおろそかになり、設計の密度が下がるという問題です。この二つの原因が連動して、世の中では大きな建築ほどつまらなくなり、大きなものを造り始めると建築家は堕落するいう法則があります。

　しかし本当は、大きな建築だけができる面白さというものがあるはずです。大きい建築だからこそできる、場所と建築との共振というものだってあるかもしれません。XL（エクストラララージ）だって、内側に閉じこもらずに、場所に対して、世界に対して、開くことができるはずなのです。

　そういうことが起こらないと、都市は決して救われません。世界をもう一度、楽しい場所として取り戻すことはできません。特に人口が多く、すべてがスケールアウトしやすいアジアでは、なおさら気をつけなくてはいけません。そうすれば、

アジアは、世界で最もおもしろい場所になるかもしれません。ヨーロッパでもアメリカでもできなかったことが、アジアで起こるかもしれないのです。

　ジェーコブスの本は、政治家や行政関係者、まちづくりの当事者に対するメッセージという性格が強いのに対して、僕は、この『場所原論Ⅱ』で、建築の実務家に対し、この生の現実世界の中で建築を造っていこうと考えている人たちに対し、実例を示して励まそうと考えました。そういう思いで、この20年間、僕がやってきた「大きい建築」をここでまとめ、客観的に分析してみることにしました。

　大きな建築は難しくて、まだまだ解決しなければならないことは、とてもたくさんあります。しかし、偽悪趣味を抜け出して、前向きに考えると、まだまだ建築も捨てたものではないと、僕は考えます。

　というより、そもそも僕らが住んでいるこの世界を捨てることなどできるはずがないのです。生きることを捨てないのであれば、この大きくなりすぎた世界を、見捨てるわけにいかないのです。大きいからこそ、捨ててしまったならば、大変なことになるのです。大きい世界と、しっかりと最後までつきあってください。

粒子：スターバックス太宰府天満宮参道店

孔：ブザンソン芸術文化センター

斜め：スイス連邦工科大学（EPFL）ローザンヌ校
　　　アート・ラボ

時間：北京前門地区

図序・17　「場所原論Ⅱ」：粒子・孔・斜め・時間

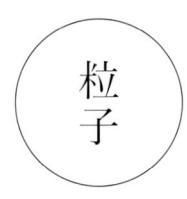

粒子

上から目線、下から目線

　建築と場所をつなごうとしたとき、最も重要なことは、下から目線で世界を眺めることです。すなわち、実際に建築を体験する人間の立場、地面の上を歩く人間の目線、孔の中を歩き回る人間の立場に立って考え、デザインしないと、孔は上手にデザインできません。

　下から目線の反対語は、当然のことですが上から目線です。建築を上から、すなわち空から見下ろす見方です。人間の目線ではなく、神の目線と言っていいかもしれません。

　建築模型は大抵、テーブルくらいの高さの台の上に置かれているので、人間の目の高さより下にあります。ついつい模型を上から見下ろしてしまいがちです。気を抜くと、悪気はなくても、上から目線で模型を見て、上から目線で設計を進めていくことになりがちなのです。（図序・18）

　模型は便利なものですが、同時に人を上から目線へと誘導する危険をはらんでいるのです。模型でチェックしたときには良かったのに、実際に建築が出来上がると模型ほど良くなかったという話をよく聞きます。上から目線で設計してしまって、人間が地面の上を歩き、建築を見上げるという一番大切な事実を忘れてしまったことの結果、そういう失敗が起こるのです。

　そしてそもそも、建築にあけられた孔という存在自体は、上から見ると、そこにあることすら見落としがちです。地面を歩く人の目線にまで降りて、孔の中を歩く自分をリアルに想像する能力がないと、孔の設計はできません。建築ができあがった後、上から目線で建築を見るのは、鳥と神様だけだということを忘れてはいけません。

　斜めに関しても同じことが言えます。上から目線では屋根は想像できますが、その下にある軒下のことはわかりません。軒下の地面を歩いて上を見上げ、そこから庭を眺めている自分を想像しないと、軒下の豊かさは見えてこないのです。斜めも孔も、下から目線に降りてきてはじめて、その人間にとっての意味、重要さが理解できるのです。

図序・18　スタディ模型（飯山市文化交流館　なちゅら）

下から目線の現象学

　上から目線、下から目線というテーマは、実は建築デザインに限った問題ではなく、20世紀哲学全体を揺るがす大課題でした。上から目線の哲学、すなわち世界を俯瞰するような哲学を、下から目線の哲学、すなわち個々の人間の経験に重きを置く哲学へと転換しようという考え方を、現象学と呼びます。

　現象学は、哲学の世界に大転換をもたらしました。個人が世界をどのように体験するかという視点で、既製の哲学を再編成しようとする19世紀末の動きが、現象学でした。その意味で、現象学とは、一種の哲学革命です。

　エドムント・フッサール（1859〜1938）は、現象学の提唱者と呼ばれました。「建築は橋である」と定義したドイツの哲学者マルティン・ハイデッガーも、現象学から多くの影響を受けました。

　ハイデッガー（1889〜1976）の現象学は、古典の解釈を通じて、哲学に大転換をもたらしたという意味で、解釈学的現象学と呼ばれることもあります（図序・19）。

　しかし、現象学を建築デザインに応用することは決して容易ではありませんでした。経験という主観的で曖昧なものを、科学的に分析し、具体的なデザインの方法に応用することは、当然のこと、簡単ではありませんでした。経験はいつも主観的で曖昧なもので、科学ともデザインともほど遠いものだと思われてきたのです。

現象学からギブソンの認知科学へ

　その壁を破るきっかけを作ったのが、認知科学という学問分野を創造したジェームス・ギブソン（1904〜1979）というアメリカ人です。

　ギブソンは、アフォーダンスという考え方を提唱し、アフォーダンスに基づいて、認知科学と呼ばれる新しい学問領域を切り開きました。

　アフォーダンスは、afford（与える）という単語から派生した言葉です。環境が、その中を歩き回る人間に対して、どのような情報を与えるかという視点から、この用語が生まれました。いわば人間の体験、空間認識を具体的、科学的に分析する学問が、認知科学です。人間が何を感じるかではなく、環境が何を人間に与えるかというふうに、世界の見方を180度変えることで、体験を具体的、科学的に分析することができるようにな

図序・19　梼原・木橋ミュージアム（ハイデッガー：「建築は橋である」）

ったのです。いわば下から目線が科学化されたのです。

　ギブソンはもっと高く評価すべきであり、もっともっと建築界から注目されなければいけないと僕は思っています。

粒子の集合体としての環境

　ギブソンの数々の発見の中でも、最も重要なのは、環境が粒子で構成されているという発見です（図序・20）。

　環境が粒子で構成されているからこそ、人間が環境の中に奥行きを感じることができるし、自分の移動している速度を知ることができるということを、ギブソンは数々の実験を通じて、科学的に証明しました。そのギブソンの研究に最も役立ったのは、彼自身が戦闘機のパイロットとしての訓練を、実際に受けたことであるといわれています。

　パイロットは、驚くべき高速で３次元空間の中で移動し、そこではしばしば重力の感覚も失われ、どちらが上で、どちらが下であるかを認識することも難しい状況になれます。そのような困難な状況の中で、瞬間的に空間の奥行きを確認する

ためには、左右の眼の視差を利用するという立体視の方法は、まったく役に立たないことをギブソンは発見しました。パイロットは、空間の中の粒子を利用し、基準平面を立ち上げることによって、奥行きを認識し、３次元空間を自分のものとしているのでした。

　さらにギブソンは、パイロットのような訓練を受けていない普通の人間も、立体視に依存せずに、空間の奥行きを感知し、対象との距離をはかっていることを実証したのです。我々もまた、粒子と基準平面を利用して、空間認識を行っていたのです。

　このギブソンの発見から、僕も多くのものを手に入れることができました。建築の中に基準となる水平面を創造するというのも、そのひとつです。実際の空間において、外部においては地面、内部においては床を基準平面として、人間は空間認識を行います。基準平面さえうまく見つけることができれば、その基準平面を座標平面にして、物との距離や、空間の奥行きをはかることができるのです。

　だから日本では、畳が重要視されてきたのだということも考えられます。畳は座標があらかじめ

図序・20　粒子の集合体：ちょっ蔵広場

書き込まれているので、空間計測にはとても便利な道具なのです。これほどにギブソンの理論にぴったりの空間デザインは、世界の他の場所には存在しません。日本の伝統建築のデザインは、認知科学的にパーフェクトなデザインなのです。

ツルツルは敵

　この基準平面の考え方以上に、僕にとって役立ったのは、空間を形態の集合体としてではなく、粒子の集合体として捉えるという考え方です。粒子は空間と人間とをつなぐ媒介だというのがギブソンの発見で、この考え方は従来の形態論型の建築理論に対し、抜本的な見直しをせまっています。

　空間を構成するものの表面がすべてツルツルで、何のデコボコもテクスチャーもなければ、生物は空間の奥行き、自分の移動の測度もはかることができないことをギブソンは発見しました。

　ザラザラしていて、粒子の存在を感知できることが、生物には必要なのです。ザラザラによって、生物は安心して空間の中で暮らせるのです。ツルツルは人間の敵であり、生物の敵なのです。

　このギブソンの考え方を知って、僕は大変に勇気づけられました。自分がなぜツルツルが嫌いで

ザラザラしたものや、パラパラしたものに魅かれ、そういった感じを空間の中で実現しようとしているかの理由が、はじめてわかった気がしました。ああ、このやり方で良かったのだと、思うことができたのです。

ルーバーという粒子／孔

　粒子と粒子の間に隙間を開けるという方法も、僕はしばしば用います。隙間のある粒子の代表はルーバーです（図序・21）。

　ルーバーの向こう側に、もうひとつの空間が感じられ、複数の奥行きを持つ空間を、ひとつにつなぐことができます。こちら側の空間と、向こう側の空間をつなぐという意味で、ルーバーは、きわめて巧妙にデザインされた孔だということもできるのです。

　ルーバーという方法は、中国や日本の伝統的絵画の最も重要な方法でもありました。西欧では、ルネサンス期に透視図法という作図方法が発明され、絵画という２次元空間の中に、３次元空間を持ち込むことが可能となりました。

　一方の東洋では、粒子の隙間を利用することによって、複数の奥行きを持つ空間を共存させるこ

図序・21　ルーバー：那珂川町馬頭広重美術館

とが可能となり、3次元空間を2次元空間の中に埋め込むことが可能となったのです。いわば絵画という2次元の平面の中に、ルーバー（フィルター）を使って、孔を開けることができるようになったのです。

このとき2つの空間をつなぐフィルターを構成する粒子の大きさと隙間とが重要になります。粒子と隙間の大きさを操作することによって、向こう側の空間との関係を規定することができることです。フィルターの粒子と、その向こう側に存在する粒子とが、動的に会話をして、2次元の空間であったはずのものが3次元となり、さらに視点の運動が重なり、2次元が3次元へ、そして4次元すらそこに埋め込むことができるのです。粒子があればこそ、次元の埋め込み現象が起こるのです（図序・22）。

図序・22　粒子：としまエコミューゼタウンのファサードを構成する粒子群

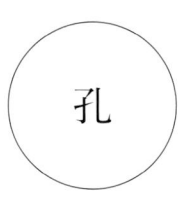
孔

孔、塔、橋

　人間は孔が好きな生物です。あるいは生物というもの自体が、孔が好きだと言っていいかもしれません。孔によって生物は守られ、孔の中にいると安心できるからです。孔は生物が大地と一体になるための重要な道具です。

　世界には、魅力的な洞窟住居がいくつも残っています。カッパドキアの洞窟住居（図序・23）、ヤオトンと呼ばれる中国の洞窟住居（図序・24）は今も現役で使われていて、３千万人が暮らしているともいわれています。日本でも、富山県氷見市大境に洞窟住居の跡が残っています。

　しかし、しばしば人間は孔を忘れて、建築という物体を造ることに、うつつを抜かしてきました。物体とは大地から切断された物質の在り方です。さらに物体を目立たせるために、物体は塔へと進化して、大地からどんどん遠ざかっていきました。20世紀を吹き荒れた建築の商品化現象が、塔への流れを加速しました。

　そのような状況に警告を鳴らすために、ハイデッガーは、「建築は橋である」と再定義しました。

ハイデッガーは、橋というたとえを用いて、20世紀の商品化建築、建築の巨大化を批判したわけです。建築は塔ではなく、橋であるべきだというのです。（『人間と空間』より、講演録『建てる、住む、考える』（1951））。

　橋は、必ず何かと何かをつなぐので、場所から切断されたオブジェクトではありえないからです。橋は、切断の反対語で、何かと何かを架橋するというようにも使われる言葉です。

　しかし、橋では十分ではないと僕は考えます。橋の先のあるのは孔です。橋が２つのものだけをつなぐのに対して、孔は無限のものと我々をつないでくれます。大地という無限に豊かなものと我々という、ちっぽけなものをつないでくれるのです。孔はつなぐだけではなく、我々をしっかりと包み込むのです。

球と迷宮という二項対立

　ハイデッガーの哲学的指摘を受けて、切断型と接続型という二種類の建築があるという議論が建築の世界でも始まりました。代表的なテキストは、20世紀後半の最高の建築理論家とも呼ばれ

図序・23　カッパドキア

図序・24　ヤオトン

るイタリアの建築史家マンフレード・タフーリ（1935〜94）による『球と迷宮』（1980）です。

　タフーリは、完璧な幾何学的秩序を指向する構成的な建築を「球」と称し、逆に非構成的、洞窟的な建築を「迷宮」と名づけました。フランス革命期の建築家エティエンヌ・ルイ・ブーレー（1728〜1799）によるニュートン記念館計画案（図序・25）を、タフーリは「球」の代表として取り上げました。ブーレーは、フランス革命前後に活躍したヴィジオネール（幻視者）と呼ばれる建築家の一人で、彼らはプラトン立体といわれる純粋幾何学形態を建築の形で実現することに情熱を持っていました。

　同じくヴィジオネールの一人であるクロード・ルドゥー（1736〜1806）によるアルケ・スナンの王立製塩所は、ヴィジオネールのアイデアが実際に実現した、非常に珍しい例です。

　一方、イタリアの建築家ジョヴァンニ・バティスタ・ピラネージ（1720〜1778，図序・26）が描いた古代ローマは、迷宮の代表です。彼は教皇の支援を受けて、ローマ遺跡の調査を行い、彼の想像するローマを克明な版画で表現しました。

　ピラネージの描いたローマは、外観のない、地下都市のようにも感じられます。孔がどんどん進化して枝分かれを続け、ついに迷宮になったものが、ピラネージのローマかもしれません。ピラネージはローマを球ではなく、孔と定義したといってもいいでしょう。

　孔と橋との違いは、孔の中にいると、安心できることです。空中に浮かぶ橋の上にいると、しばしば不安になったりさえします。人間は、そして生物は、つなぐだけでは満足できず、自分自身が守られたいのです。だから橋ではなく、洞窟が必要なのです。

　しかし、洞窟を作ることを目的化すると、少しハードルが高いので、物体の中に洞窟をあけようと思えば気が楽になります。タフーリ流に言えば球の中に迷宮を作ればいいのです。そうすれば、二項対立のひとつを選ぶプレッシャーからも開放されて、もっと気楽に建築を造ることが可能になります。

洞窟と孔の対立

　タフーリ流の迷宮、ピラネージ流の洞窟という言葉を僕が使わなかった理由もそこにあります。ピラネージ流の洞窟は、守られてはいるのですが、迷宮という言葉が示すように、出口がわかりにくくて、かえって不安になってしまうのです。

　僕が考える孔は、向こうに光が見えています。光がやってくる方向を語ってくれます。「向こう」を示すことで、孔は二重の意味で世界と我々をつ

図序・25　ニュートン記念計画案

図序・26　ピラネージのローマ

ないでくれます。

　まず、孔をあけた物体と、我々とがつながります。さらに孔の向こう側と、孔のこちら側とがつながります。だから孔は、ハイデッガー的な意味での２つをつなぐもの、すなわち橋でもあるのです。川に落っこちる危険のある大地と切断された橋ではなく、大地としっかりとつながった、落っこちようのない橋なのです。だから、生物は安心して孔の中にはいっていくのです。

モノル型というコルビュジエの孔

　向こうとつながった開かれた孔を考える上で、僕がしばしば思い浮かべるのは、コルビュジエが1919年に発表したモノル（monol）という名の集合住宅の計画案です（図序・27）。

　初期のコルビュジエに特徴的な、開口部が多く、透明感の高い建築の中では、壁が多く、ヴォールト（カマボコ型）ののったモノルは、異色の作品です。壁の多さも、ヴォールト屋根も、コルビュジエに代表されるモダニズム建築が否定してきた、伝統的な石積みの建築、すなわち組積造建築の典型的な手法だったからです。

　しかしこのモノルの中に、ロンシャンの礼拝堂（1955）やラ・トゥーレットの修道院（1960）に代表される後期のコルビュジエ建築のルーツがあるという指摘があります。代表的なのは建築家

富永譲（1943～）による指摘です。（「コルビュジエ建築の詩、」2003）

　富永は、コルビュジエ建築は、シトロアン型、モノル型の２つの原型があり、モノル型が発展して、後期コルビュジエの有機的で力強い建築群が創造されたと指摘しています。

　シトロアンとは、コルビュジエが1920年に発表した住宅の計画案（図序・28）で、当時、新しい交通手段として一世を風靡したフランスの自動車シトローエンがモデルでした。シトローエンと同じように大量生産されて、世界を席捲する住宅を造りたいという、コルビュジエの夢と想いがこもっています。

　一般には、ドミノ（1914）からシトロアン（1920）へと続く大量生産指向の建築の延長線上に、20世紀のモダニズム建築が花開いたことになっています。コルビュジエはその意味で、工業化社会のチャンピオンだったという見方です。しかし、鬼子と見なされたモノルの系列の中にこそ、工業化社会の「制服」となったモダニズム建築を超える、大きな可能性が潜んでいると僕は考えます。

　そして、モノルとは、実は孔の建築なのです。両側の壁によって限定されて、その上にヴォールト屋根ののったモノルの内部空間は、まさに孔そのものなのです。モノルの中に「住まいのエロ

図序・27　モノル（ル・コルビュジエ）

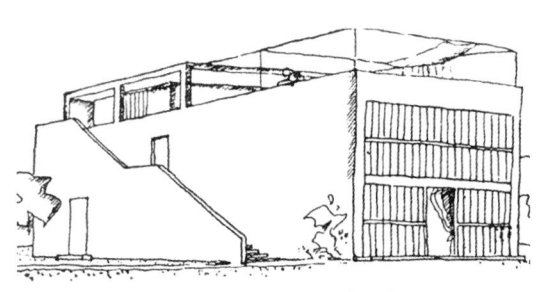

図序・28　シトロアン（ル・コルビュジエ）

ス」が感じられるという富永の指摘は、まさに孔としてのモノルの魅力を指摘したものと言えるでしょう。

バシリカという孔

モノルと孔について考えたならば、さらにさかのぼって、ヨーロッパの教会建築の2つの原型、バシリカ形式と、集中堂形式教会堂についても考えてみましょう。（図序・29）

バシリカの語源は、ギリシャ語で「王の列柱廊」を意味するバジリケーであるとされています。ローマでは裁判所や取引所などの長方形の平面をもつ集会施設のことをバシリカと呼びました。やがて奥に長い長方形のこの平面形式が、教会の平面形式に転用されていきました。

バシリカ式教会というと、一般的には中央に身廊と呼ばれる中心的な空間があり、その両側に、列柱によって区画された側廊がある平面計画を持つ教会のことを指します。モダニズム以前のキリスト教会の大部分はこのバシリカ教会でした。奥行きが深いことが教会では大事にされ、奥行きが浅くて横長の日本の寺の空間を見て、ヨーロッパの宣教師はショックを受けたというエピソードもあります。

しばしばバシリカ型と対比されるのは、集中型と呼ばれる形式です（図序・30、平面図）。代表的なものでは、バチカン本部の教会、サンピエトロ大聖堂です。もともとバシリカ教会の建っていた敷地の上に、新しい時代を象徴する教会堂のコンペが開かれ、ドナト・ブラマンテ（1444 ～ 1514）のギリシャ十字型の平面に基づく案が選定されましたが、その後技術的困難、財政的困難での紆余曲折があり、ラファエロによるギリシャ十字架を経て、最終的にはミケランジェロ（1475 ～ 1564）に白羽の矢がたてられました。ミケランジェロは、71才から亡くなるまで、無給でサンピエトロのために人生を捧げ、最終案はほぼ彼の構想に基づくものとなりました。

バシリカ型が長方形平面をとるのに対し、集中型は、祭壇を中心として、周囲に信徒のスペースが取り囲む、求心的なプランニングです。しばしば、サンピエトロのように祭壇を十字の交点とする十字型の平面計画もしばしば採用されています。ゴルゴタの丘でキリストが十字架にかけられたというストーリーと、この十字型平面計画が深い関係にあることはいうまでもありません。

バシリカ型と集中堂型は、キリスト教会の2つの原型として、教会建築を二分してきました。しかし、2つの形式とも孔型の空間だという捉え方もできます。バシリカ型は、入り口から奥へと平面的に抜かれた孔であり、集中堂型は、祭壇から天へと向かって、垂直に抜かれた孔ともいえるわ

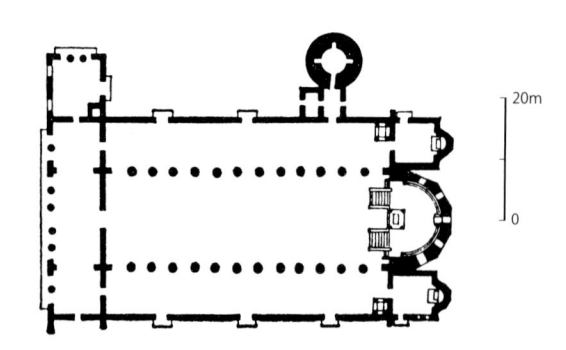

図序・29　バシリカ式教会の平面

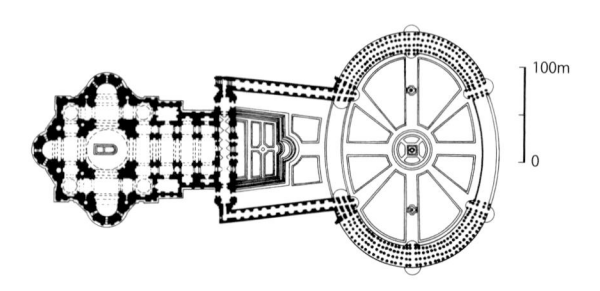

図序・30　集中型教会　（サンピエトロ寺院）

けです。

　どちらの場合にしろ、キリスト教会とは、この地上の現実世界からどこか別の場所へと抜けていく孔であったというわけなのです。

ショップハウスと四合院

　同じ孔という観点を使って、中国の都市住宅の2つの形式を比較することもできます。中国の都市住居は、南方と北方とで対照的な形式をとっています。南方型はショップハウス型と呼ばれ、間口が狭くて細長く、奥行きの深い短冊型の住宅が、通りに沿って並んでいます（図序・31）。

　一説には、道路に面した間口寸法に比例して、税金が課せられていたので、税金を節約したいという理由でこのような細長い孔の形状が生まれたと言われます。このショップハウス形式は、世界に広がった中国文化圏で広く見られ、シンガポール、ハノイ、ホーチミンなどでも、都市住宅のプロトタイプとなっています。

　京都の町屋でも、広い意味では、このショップハウス形式に含めることができます。この細長い孔形式の場合、通りに面したショップフロントだけでは、さすがに孔の奥までは光や風を入れてこられないので、中途にも小さな庭を作って、光を取り入れることをよくやります。京都の町屋はその形式を洗練させたものです。

　一方、中国の北方では、四合院型と呼ばれる中庭型の住居を基本的なエレメントとして、多くの都市が構成されています。中庭という孔を通じて、中国北方の住居は光や風を取り入れていたわけです。

　漢民族は天というものに対する意識がきわめて高いことで知られ、天地をどうつなぐかが、文化の中で強く意識されてきました。政治もすべては天の意向に従って、その流れが変わり、王朝が交代するという思想です。

　日本の神道が、天という絶対的な存在よりも、目の前の里山を信仰の対象としてきたのとは、対照的な文化の形式です。

　天を絶対視する垂直的文化構造と四合院は、どこかでつながっているという説もあります。日本は村落の裏側に里山があり、村落と里山に住む神との関係は水平的でした。

　北方の垂直文化と南方の水平文化は、あらゆる、ある意味で対照的です。北方文化は天への意識が高く、鳳凰という架空の鳥への信仰は、中国北方文化の特徴です。天を意識し、垂直を意識すれば、空には鳳凰が飛んでいるというわけです。四合院の中庭で、しばしば小鳥が飼われていますが、これも北方系の垂直指向と関係があるといわれます。

　一方、中国南方文化は龍という架空の動物を信

図序・31　中国南方型のショップハウス

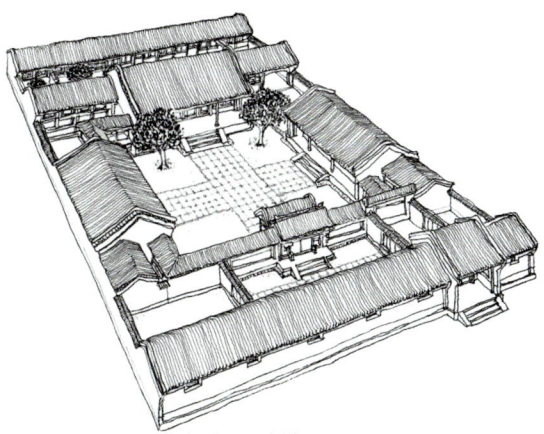

図序・32　中国北方型の四合院

仰するのが特徴的で、龍は水への信仰と深く結びついています。

北方中庭という孔を通じて、住居は光や風を取り入れていたわけです。北京は四合院を基本ユニットとする北の都市の典型で、胡同（フートン）と呼ばれる路地空間と、四合院の組み合わせで、都市が造られていました。

四合院は中庭を囲むようにして、4つの棟が建てられていることから、その名称が生まれました（図序・33）。前面の胡同と中庭（院子）のつなぎ方は慎重にデザインされ、影壁と呼ばれる衝立のような壁をたてて、胡同と中庭とが直接つながることは避けられてきました。中国の文化の影響の強い沖縄でも、同じような衝立の伝統が存在しています。沖縄では、この目隠し壁をヒンプンと呼びます。

また中庭を囲む四つの棟には、それぞれの名称、機能が与えられていました。僕らが北京の三里屯地区に設計したホテルは、オポジット・ハウスという名前ですが、これは四合院入り口の正面の棟、対院の英語訳です。このホテルのアトリウムを中心として自然光を取り入れる平面計画も、四合院の垂直的形式を意識しています。（図序・33)

四合院の中庭は、農家の作業空間が原型であると言われています。本来四合院は、単一の家族のための住宅でした。大家族制を基本とする中国の場合、家族のスケールは様々で、複数の四合院がつながることもしばしばありました。四合院をつなげ、そこに奥行きに沿ったヒエラルキーをつける形式も存在し、中庭が連続していく北京の紫禁城の形式も、基本的には四合院の複合形態と捉えられています。

近代になると、家族形態にも変化が生じ、都市への単身者の流入もあり、ひとつの四合院を複数の家族でシェアするというケースも多くみられるようになり、また四合院のスラム化という問題も発生しました。その結果、悪化した都市環境の改善という名目で、四合院と胡同の町の多くが消えてしまったことはとても残念です。

僕らの北京前門（2016、図序・34）のプロジェクトは、四合院と胡同をリノベーションして、従来のタワー型再開発とは全く別のやり方で、都市のコンテクストを保存しながら、環境を再生させようというプロジェクトです。小さなアトリエやカフェで構成されるヒューマンスケールの新し

図序・33　(a) オポジット・ハウス全景

(b) 自然光を取り入れたオポジット・ハウスのアトリウム

い街並みを通じて、僕らは北京の個性的なストリート文化を、もう一度復活させようと試みたわけです。

中国には四合院の他に、三合院と呼ばれる住居形式も存在します。四合院が中庭を囲む四棟で構成されるのに対し、三合院は一方にだけ開かれた中庭に面して、三棟がコの字型に並ぶという形式です。気候が厳しく防御性の高い北方に四合院が多く、三合院は半開放で、気候の穏やかな南方でよく見られる形式です。

台湾には三合院形式の住居が多く見られます。周囲の環境との接続という点で、三合院は現代でも応用しやすい形式です。僕らも多くのプロジェクトで、三合院形式を採用しています（群馬県太田市、金山城跡ガイダンス施設）。四合院や、集中堂型が縦穴であるとすれば、三合院は横孔で、ショップハウスの高密度に対応した横穴よりも、もっとおおらかで融通のきく自由な形式です。

図序・34　孔：北京前門地区プロジェクトの胡同と四合院の組み合わせ

図序・35　孔：アオーレ長岡の屋根付きの広場

斜め

垂直は切断する

建築は垂直になるクセがあります。すべての建築は、どこかしら垂直性を秘めています。逆にいえば、水平なものだけでは、建築を造ることはできません。水平な床だけでは残念ながら建築になりません。

床の上に、柱や壁などの垂直的要素を「立ち上げる」という行為があって、始めて建築が生まれます。人間の弱い身体を、雨、風、光から守ろうとすると、水平な床だけでは不十分で、垂直に立ち上がったエレメントがなにがしか必要になってくるわけです。

しかし、垂直なエレメントは、人間にとって、危険な道具でもあります。垂直なものは、しばしば建築を場所から切断してしまうからです。地面から垂直に立ち上げられた柱は、環境の中では完全に異物です。柱は地面から切断された、寒々とした存在です。

20世紀は高層建築の時代であり、クライスラービル（1930、図序・36）、エンパイア・ステート・ビル（1931、図序・37）は、いまだに巨大都市を視覚的に支配しています。

垂直に壁をたてると、壁によって、空間は完全に切断されてしまいます。垂直な壁で四方が囲まれてしまったら、もうおしまいです。空間は完全に孤立して、周りから切断されます。

逆に言えば、垂直がもたらす異物感を使って、建築を環境の中で突出させようという欲望が、20世紀という時代を支配したという言い方もできます。建築が大きくなると、どうしても垂直が必要になります。それは僕をしばしば苦しめました。

しかし「斜め」という要素をちょっと導入するだけで、大地と建築とが、つながりはじめることを、僕は学びました。大地と建築が会話を始めます。斜めには魔法の力があるのです。斜めは水平の中に、垂直を秘めているのです。

図序・36　クライスラービル

図序・37　エンパイア・ステートビル

下がる屋根、上がる屋根

　斜めによる接続のよい例が身近にあります。傾斜のついた屋根です。斜めの屋根は、雨水を大地に流すために発明されました。雨水をスムーズに大地に向かって流すということ自体、すでに建築と大地とをスムーズにつなごうとする意志のあらわれです。水という物質を媒介として、大地と建築とがつながれているのです。

　実は斜めの屋根にも、２つの種類があります。２種類の斜めは、まったく違う気分、対照的な意思を秘めています。ひとつは建物から外部に向かって下がっていく斜め、つまり「地面に向かってお辞儀をするような斜め」と、逆に、外部に向かって上がっていく斜め「めくりあがるような斜め」です。

　前者を守る斜め、後者を招く斜めと言っていいかもしれません。２種類の斜めは、それぞれの仕方で、まったく対照的な作法で、大地と建築とをつなごうとしているのです。

　そんな二種類の斜めを観察する時、同時に、斜めの屋根の下に生まれる軒下空間にも注目してください。軒下にもまた、豊かな斜めの空間が拡がっていて、建物と外部との関係を規定しています。特に興味深いのは、お辞儀する斜めの屋根の下に、しばしばそれとは逆向きの、招く斜めが隠されていることです。

　中国、朝鮮半島、日本と伝わった伝統的な木造建築の空間に、しばしばこの招き入れる断面形状が隠されています（浄土寺浄土堂、図序・38、と東大寺南大門、図序・39）。屋根の持ち出しを支えるための斗栱と呼ばれる木の骨組みは、建物本体に近い根本の部分ほど、たくさんの部材が集まっていて厚みがあり、逆に先端が薄くなっていくので、軒下に招き入れる断面形状が生まれるのです。その結果、屋根に、守る斜めと招く斜めの２つの斜めが共存するのです。

　守りながら、しかも招き入れるという二重性です。この２つの斜めの共存は、決して矛盾しないと僕は考えます。人間とは、相手を招きながらも、自分はしっかり守りたいという２つの感情のバランスをとって生きている生物です。この複雑で繊細な感情が、アジアの二重屋根の中に、みごとに翻訳されているわけです。

　屋根の持ち出しを支える斗栱は、組み物とも呼ばれ、東アジアの木造建築の中でも、最も美しい見せ場になっています。太い材木を使わずに、小さな粒子状の部材を組み合わせることによって、屋根のキャンチレバー（持ち出し）を支えることで、繊細で豊かな軒下空間が作られてきました。

　屋根の上には、雨水を流すために外向きの斜面が作られ、その下には、人を招き入れ、内部と外部とをスムーズにつなぎ、光をスムーズに奥まで

図序・38　浄土寺浄土堂の斗栱

図序・39　東大寺南大門の斗栱

届かせるための逆向きの斜面が作られるというマジックです。アジアの風土に適した 2 種類の斜めが、建築の外と内の間に介在していたのです。

雨と斜め

東アジアの建築が斜めを大事にしてきたことと、雨が多いことは関係があります。雨が斜めの文化を生み、育ててきたわけです。斜めの角度も、雨と深い関係がありました。

屋根の防水に、防水シートや防水塗装を使うようになったのは最近のことです。

それ以前は、瓦や石の板、木の板などの小さなピース（粒子）を重ねて、建築を雨から守っていたのです（コケラ葺きの屋根、図序・40）。

当然、ある程度以上の勾配がないと、粒子の隙間に水が流れ、雨漏りがします。雨の量と屋根の材料、ディテールとが織りなす方程式に基づいて、屋根の勾配が決定されてきたわけなのです。その意味で、斜めという手法と、粒子という手法は、深く関連し、相関関係があるわけです。

一方ヨーロッパでは、斜めよりも、水平垂直が建築の構成の基本原理となりました。特に雨の少ない地中海世界では、雨水を効率よく流す勾配屋根よりも、フラットな床を垂直な柱で支えて積層させ、その一番上にフラットルーフを載せる構造システムが発達しました。

フランスの哲学者デカルト（1596 ～ 1650）は、世界は、直交座標で構成されていると考え、この直交座標のことをデカルトにちなんで、カルテジアン・グリッドと呼びます。

西欧建築は、雨の少ない気候条件によって、デカルトのはるか以前から、カルテジアン・グリッドで支配され、それがデカルト的思考方法に影響を与えたという言い方もできます。アジアの哲学と建築に、カルテジアン・グリッドの規則性、普遍性はなじみません。

20 世紀に登場したモダニズム建築も、基本的には、この地中海流の垂直・水平システムを継承しました。その意味でモダニズム建築は、インターナショナルスタイルなどと称して、国籍性を主張しましたが、実は少しもインターナショナルではなく、西欧中心主義であったと、僕は考えるのです。

図序・40　木の板という粒子を重ねるコケラ葺きの
屋根（銀閣寺）

図序・41　サヴォア邸の中心を貫通するスロープ

コルビュジエと斜め

ル・コルビュジエの建築も、地中海建築の正統的な継承者です。しかし、内部空間では巧みに斜めの要素が導入され、大地と上階とがつながっています。代表的住宅作品であるサヴォア邸（1931）の中心に位置する象徴的なスロープ（図序・41）は、コルビュジエが斜めの巧みな使い手であったことを示しています。

同じく、コルビュジエの後期の代表作ラ・トゥーレットの修道院（1960・図序・42）では、建築の周りの斜めの大地が発する迫力が、作品の重要なテーマになっています。大地の傾斜を打ち消すように逆向きの勾配で傾けられた斜めの回廊によって、大地の斜めはより強調され、大地と建築とが緊張感に満ちた会話をはじめるのです。

前期のコルビュジエは、垂直と水平の人でしたが、後期のコルビュジエでは、このラ・トゥーレットのように、斜めがより重要になってきます。同じく後期の代表作であるロンシャンの礼拝堂（1955、図序・43）では、招き入れる斜めの軒下空間が登場します。

サヴォア邸では、大地からいかに切断するかがテーマでしたが、後期のロンシャンでは、大地と建築とをいかに接続するかがテーマとなり、そのために斜めのデザインが巧みに用いられているのです。コルビュジエは、抽象的な白い壁面を好んだ前期から、自然石や粗い壁などの土っぽい素材を好んだ後期へと、作風を大きく転換させました。斜めと土っぽい材料とは相性がいいのです。

オブリークからディコンストラクティビズムへ

後期のコルビュジエの斜め指向を、さらに発展させたのがフランスの建築家のクロード・パラン（1923～2016）と、理論家のポール・ヴィリリオ（1932～　）のデュエットです。

20世紀の建築界には2つの革命があったと僕は考えています。ひとつはコルビュジエによる垂直の革命、もうひとつはパランとヴィリリオによる斜めの革命です。それくらいにパランとヴィリリオのやったことは、重要なのです。

彼らは1966年に「建築原理」誌を発刊し、斜めに関してのマニフェストを次々に発表します。1966年という年号に注意してください。まさにパリの5月革命（1968年）の直前でした。5月革命は、20世紀後半を揺るがした政治と文化の革命でした。

5月革命で、学生と労働者の連携が起こりましたが、建築を学ぶ学生は、その中で大きな役割を果たしました。パリの5月革命が目指したものと同じ精神が、パランとヴィリリオの斜めの思想の中には宿っているのです。

斜めのことを、フランス語ではオブリークとい

図序・42　ラ・トゥーレットの修道院の斜めの回廊

図序・43　ロンシャン礼拝堂の斜めの軒下

います。パランとヴィリリオが、建築におけるオブリーク（斜め）の価値を提唱した以降、オブリークは現代建築の中の中心的な概念となりました。彼らは、斜めをテーマにした建築をいくつか設計したり、ドローイングを発表しています。

しかし、実作やドローイング以上に、彼らの書いたテキストは、建築界に大きな影響を与えました。彼らの本のタイトルともなった、『vivre a l'oblique』は、「斜に構えて生きる」とも読め、斜めは形態を指しているだけではなく、彼らの思想の基本的スタンスを一言で表現した卓抜したキャッチコピーだったわけです。

パランとヴィリリオは、田舎の原理、農業の原理は水平であり、都市の原理、工業の原理は垂直であると整理します。脱工業化社会では、水平でも垂直でもない斜めの建築が必要とされるというのが、彼らの預言でした。水平なものだけで、人間の身体を守ることはできないと考える僕は、彼らの考えから大きな影響を受けました。

1980 年代と 1980 年代後半からポストモダニズム建築のムーブメントの後に、ディコンストラクティビズム（脱構築）のブームが起きました。ディコンストラクティビズムの建築は、斜めと深い関係があります。ディコンストラクティビズムの建築は、ディコンストラクションの哲学から大きな影響を受けました。ディコンストラクション（脱構築）の哲学とは、ギリシャ以来積み上げられてきた従来の哲学を「斜めにずらす」ことを目標にして提案された「斜めの思想」でした。

脱構築の哲学の父とも呼ばれるジャック・デリダ（1930 ～ 2004）は、真理を単に否定するのではなく、真理というもの自体の不可能性を明らかにし、その意味でまさに「斜めの思想」の提唱者でした。真理の不可能性に言及した初期の代表的著作、「声と現象」（1967）は、1967 年に発刊した、パランのヴィリリオの「建築原理」、1968 年の五月革命と共に、革命の時代を共有していたわけです。

20 世紀後半の建築家は、多かれ少なかれ、「斜めの思想」に影響を受けたといっていいでしょう。コルビュジエ以降のフランスで、最も重要な建築家とも呼べるジャン・ヌーヴェル（1946 ～）は、初期の住宅やポンピドー・センターのコンペ応募案（1971、図序・44）をはじめとし、一貫して斜めを追求した建築家でした。彼は実際にパランの事務所で建築を学び、パランからいくつかの仕事をまわしてもらったと言われています。パランとヴィリリオこそが、「自分の本当の学校だった」とヌーヴェルは語っています。

20 世紀後半のチャンピオンとも呼べるレム・

図序・44　ポンピドー・センターコンペ応募案 1971
　　　　：ジャン・ヌーベル

図序・45　ジュシー図書館の模型写真
　　　　：レム・コールハース

コールハース（1944〜）も斜めが大好きな建築家でした。ジュシー図書館のコンペ案では、床をすべて斜めにして、世界をあっといわせました（図序・45）。シアトルの図書館では、床が斜めであるだけでなく、建築の外壁全体を斜めにすることで、斜めの思想を徹底させたわけです。

　1988年に、MOMA（ニューヨーク近代美術館）で開かれた「ディコンストラクティビスト・アーキテクチャー展」は、斜めの建築の総決算ともいえる大イベントでした。展覧会の主役は、フランク・ゲーリー、ザハ・ハディッド、ダニエル・リベスキンドらによる、斜めのエレメントを多用した、建築群でした。（図序・46　ユダヤ博物館／ダニエル・リベスキンド 2001）

　確かに斜めではあります。しかし、ディコンストラクティヴィズムの建築家が多用した斜めのエレメントは、大地と建築とを接続するために用いられているというよりは、建築に対して、無理矢理キャラクターを与え、他と差別化するために用いられているように見えました。

　斜めがひとつのスタイルへ堕落してしまったように感じられて、僕は失望しました。

　僕が考えている「斜めの建築」は、このようなスタイルとしての斜めとはまったく逆のものです。建築を、大地と再接続し、場所と融合させる

ために必要とされる斜めなのです。本書では、その例をたくさん集めました。

小堀遠州の斜め

　形としての斜めではなく、空間としての斜めについても論じる時、もう一人忘れてはならない存在がいます。それは、江戸初期の茶人にして幕府の重臣（作事奉行）、小堀遠州（1579〜1647）です。遠州は利休の弟子である古田織部（1543〜1615）に茶を学び、徳川家の茶道の指南役をつとめ、後に遠州流と称される独特な作法を創始しました。

　また、作事奉行としては、仙洞御所、二条城（図序・47）、名古屋城などの庭園、建築の設計のリーダーとして、すばらしい庭と建築とを世に残しました。桂離宮が遠州の作といわれた時代もありましたが、直接には関わっていないと考えられています。

　先ほど、東アジア建築の本質は、断面計画において斜めを多用して、大地と建築とをつなげる点にあるといいましたが、遠州は、平面計画における斜めの達人でした。茶のお点前では、炉に火箸を置く時に、斜めに、対角線方向に置く、筋懸けという方法を発案しました。また茶巾を対角線上に斜めにたたむ特徴的なお作法も、遠州流の特徴

図序・46　ベルリン、ユダヤ博物館のファサード

図序・47　二条城二の丸御殿の庭

です。

建築デザインでも、遠州は平面計画において巧みに斜めを利用しました。国宝蜜庵の席で有名な大徳寺龍光院の庭の石組みや、龍光院の敷石（図序・48）でも、直交するコーナー部分に斜めの要素を導入し、さりげなくスムーズな動線を実現しています。21 世紀の僕らから見ても、はっとさせられるような新鮮なデザインです。

小堀遠州の斜線好みは、しばしば政治的ポジションと関連があると説明されています。江戸幕府の重臣の立場にありながら、なおかつ、幕府に対する抵抗勢力の代表であった後水尾上皇（1596 ～ 1680）とも、極めて親しい立場にいました。武家的なものと、王朝的なるものの中間、江戸的なるものと京都的なるものの中間にいて、その対極的文化を調停することを、遠州は自分の使命と考えていたわけです。

先述したようにパランとヴィリリオは、農業的なものと工業的なるものを、斜線をもって調停しようと試みました。工業化社会から、ポスト工業化社会への移行の微妙な時機に、パラン・ヴィリリオの斜めの建築が登場したのです。

同じように遠州は、斜線をもって、王朝的なるものを、すなわち奥行きがあり、ヒエラルキーがある世界と、武家的なるもの、すなわち、力によって勝敗を決する水平的、平面的世界とを調停しようと試みたともいえるのです。遠州もまた、時代の境目に立っていました。

現在の我々も、遠州と似たようなジレンマに向かい合っているといえるでしょう。工業的な垂直的システムが、ネット的な、水平的、ノンヒエラルキーなシステムに置き換わりつつあります。

その移行期に、遠州的な斜めの手法は、大きな役目を果たすことになるでしょう。

図序・48　大徳寺龍光院の敷石・アプローチ

時間

場所と地霊

　斜め、孔、粒子といった方法は、どれも建築と場所を接続するための有効な方法です。しかし、実はもっと確実な方法があります。

　時間を味方にすることです。なぜなら、そもそも場所とは、時間の蓄積の結果だからです。長い間、時間が蓄積して始めて、場所というものが出来上がるのです。

　ただ大地があれば、そこが場所だというわけではないのです。時間をたっぷりかけて、大地が場所になるわけです。大地と場所とは、時間のおかげで、ひとつになるのです。

　長い時間を経て出来上がった場所には、特別なありがたみ、独特の力があります。ヨーロッパでは、そのような力のことを、地霊（ゲニウス・ロキ）と言い慣わしてきました。

　ゲニウス・ロキの語源は、ローマ帝国の言葉ですが、18世紀のイギリスで、地霊という概念が再び大きく注目されました。

　18世紀のイギリスは、産業革命の時代です。イギリスはその中心地でした。人間をはるかに超

えた、工業というとてつもなく大きな力が登場し、人間がえも言われぬ不安を感じ始めた時、大地に自分たちをつなぎとめたいという切実な願望が起こったのです。フランス式の幾何学庭園（図序・49）に替って、自然のままの風景を大事にした、英国式庭園（別名風景式庭園）（図序・50）が登場します。

　その英国式庭園をデザインするに際して、地霊という言葉がイギリスで使われ始めたのです。それぞれの場所には地霊があり、それをリスペクトして庭園を作ることが重要だという考え方が、こともあろうに、産業革命の中心地、イギリスで登場したのです。

　この地霊という考え方に注目したのは、僕の恩師の一人である、東京大学の鈴木博之教授（1945〜2014、『保存原論』（図序・51）の著者）でした。

　鈴木先生は、イギリスの19世紀建築に注目し、ウィリアム・モリス（1834〜1896）や、ジョン・ラスキン（1819〜1900）らが中心となった工芸復権運動、すなわちアーツ・アンド・クラフツ運動を研究しました。アーツ・アンド・クラ

図序・49　フランス式庭園

図序・50　英国式庭園

フツ運動の中心に、地霊の考え方が深く根付いていることを見つけました。

　アーツ・アンド・クラフツは、単なる工芸の復興ではなく、手作りの工芸の中に流れる、ゆったりとした時間を取り戻そうとする運動だったのです。時間という存在が、職人に働きかけ、物質に働きかけて、魅力のある工芸品を作る。それがアーツ・アンド・クラフツ運動の主張でした。

　1980年代以降、鈴木先生が中心となり、建築保存という考え方が日本にも根付きました。第二次大戦後の日本では、スクラップ＆ビルドが良しとされました。スクラップ＆ビルドによって、経済が成長し、高度成長が可能になると信じられていました。「作っては壊す」という粗製乱造の建築が、都市を破壊し、時間が蓄積していく暇などまったくありませんでした。

　鈴木先生は、そのような状況に警告を鳴らし、日本でも歴史的建築物の保存や修復が重要視される時代がやってきたのです。バブル経済が崩壊した1990年代から、そのような時代が本格的に日本にもやってきたのです。イギリスの世紀末がアーツ・アンド・クラフツを生んだように、日本の20世紀末の高度成長への反省が、建築保存のムーブメントを生んだわけです。

材料と時間

　時間を媒介として、場所と建築とを接続する方法は大別して2つあります。ひとつは建築を文字通り、保存することです。保存によって、そこまでに蓄積されてきた時間が継承され、場所と建築とのつながりは、より強固になります。

　もうひとつの方法は、その場所で長い時間用いられてきた材料を使い、長い時間かけて育まれてきた伝統的技術を用いることです。これこそまさに、モリスやラスキンが提唱したアーツ・アンド・クラフツ運動の方法でした。

　アーツ・アンド・クラフト運動は、その方法をもって、大量生産システムの低コストとスピードに対抗しようとしましたが、タイミングが悪すぎました（図序・52）。

　19世紀末、時代は大量生産へと向かって、一方的におそるべき勢いで流れていたのです。大量生産システムを基本とするアメリカの時代が、始まろうとしていたのです。

　しかし今、我々は、当時とはまったく別の状況にあります。工業化社会の終焉が指摘されて、すでにだいぶ時間が経ちました。大量生産システムが作った画一的な商品は、結局人々を幸せにできませんでした。20世紀の高度成長、人口爆発に陰りが見え、少子高齢化の低成長社会が訪れました。死が生を上回り、人口は減り始めています。

図序・51　鈴木博之：「保存原論」

図序・52　赤い家：ウィリアム・モリス＋フィリップ・ウェブ（1859）

その成熟した社会を、どんどん数が少なくなっていく人々を、確実に幸せにする、確実な建築が求められているのです。

まさに今こそ、アーツ・アンド・クラフツ運動は、復活戦を挑むべきなのです。場所と密着した、ものづくりをベースにした新しい形の社会システムを提案する、絶好のチャンスがやってきたのです。場所とひとつにつながった材料と技術を、建築に復活させればいいのです。

そうすることによって、建築はこの成熟社会の新しい社会システムの構築に、大きく貢献することができます。

エイジングする材料

建築に時間を取り戻そうとしたとき、もうひとつ忘れてならないのは、建築が完成したあとに経過する時間のことです。こんな思い出があります。東京農業大学の「食と農の博物館」（2004、図序・53）を設計している時、当時の進士五十八学長から、「ちゃんと時間とともに古びる材料を使ってください」と頼まれました。今までそんな注文を受けたことはなかったので、心底、びっくりしました。

普通のクライアントは、「絶対に色や質感が変わらない材料を使ってください」と念を押してきます。室内に木を使う時ですら、本物の木が使えないというケースがあります。雨や風がかからず、日光の射さない室内ですら、木は少しずつ色が変わり、小さな傷がつくからです。それを避けるため、室内でも木目を印刷した塩化ビニールシートを使わざるを得ないことが、日本ではよくあります。

建物はできたまま、永遠に古びず、新しいままがいいという考え方は、ピカピカ、ツルツルをよしとする工業化社会に特有の病気のようなものです。少しでも、色が変わってしまったら、「こんな不良品、返品しろ！」と社長からどなられることを恐れる総務部の人達は、絶対に本物の木を使おうとはしないのです。

そういうクライアントばかりだったので、進士先生の言葉にはびっくりしました。進士先生は緑の専門家ですが、「年をとらない生き物は、僕ら生物の世界では、化け物っていうんだよ」とまでおっしゃるのでした。

進士先生と話し合いながら、僕らはエイジングする材料を積極的に使いました。本物の木はたく

図序・53　東京農業大学／食と農の博物館

さん使っていましたし、外壁には、芦野石という名の栃木県那須でとれる安山岩を使いました。芦野石は適度に吸収性があるので、時間が経つと少しずつ色が変わり、庭石に使った場合は、石の上にコケも育つ、やさしく、やわらかい石です。

　最近建てられる建築で石を使う場合は、ほとんどが花崗岩（グラナイト）です。花崗岩は硬度が高く吸水性も低く、酸に浸されることがないので、時間が経っても、見た目は変わらないのです。総務部マインドからすると、安心して使える石ということになります。

　しかし、硬くて水を吸わず、色も変わらないということは、人を拒絶する冷たさがあるということです。美術関係者から、「花崗岩でできた美術館は人が来ない」というジンクスがあるという話を聞いたこともあります。エイジングしない化け物には、人は寄り付かないということなのかもしれません。

　そういうことがあって、僕は自分の父親の墓を作るときも、芦野石を使いました（図序・54）。墓石という「塔」をたてるのではなく、なるべく目立たない、低い墓を作りたいと思って、最終的にこの形になりました。花とお線香を置くための、ちょっとした仕切りのような墓です。

　芦野石という材料も「受け身」だし、墓の形も「受け身」です。そうすることで、時間とともに、さらにまわりになじんで、溶けていってしまうような墓を作りたかったのです。

　本書では、以上「粒」、「孔」、「斜め」、「時間」の４つの具体的方法を提案しています。そして、さらにその方法を深く理解してもらうために、実際の僕がたずさわったプロジェクトで、その４つがどのように用いられ、展開されたかを説明しました。そして実は、どのプロジェクトでも、複数の手法を併用していることも説明します。

　場所に関する議論は、それぞれ場所に即して、具体的に論じなければ意味がありません。そしてできれば、本書を読んだあとで、それぞれのプロジェクトを実際に訪ねて欲しいのです。

　建築を上から目線で論じる時代は終わりました。場所に即して、地面の上をこの足で歩いて、下から目線で建築を論じる時代です。そして下から目線を徹底しようとすれば、その場所に実際に行って、歩き回ってみなければいけません。床を踏みしめ、壁に触わってみなければなりません。

　そこまでやって、初めて建築の本質が見えてきます。映像と図面だけで建築を理解してきた近代建築を超えることができるのです。本書は、そのためのヒントです。

図序・54　父の墓

図序・55　父の墓のディテール

収録事例

粒
子

×3

———

孔

×3

———

斜
め

×9

———

時
間

×4

———

粒子

スターバックス
太宰府天満宮参道店

小径木で作るヒューマンな里山木造

大宰府天満宮の参道という特別な場所に建つコーヒーショップです。

細い木材を組み合わせることで、耐震性の高い繊細な建築を造るというのが、日本の伝統建築の手法でした。10cm 角程度の断面寸法をもつ細い木材だけを使って、どんなプランニング、どんな形態にも対応できる柔軟なシステムを、日本の大工は洗練させてきました。そのような細い材のことを小径木と呼びます。

その日本の伝統的なシステムを用いて、現代的な、軽やかでダイナミックな空間を作ることが、このプロジェクトの目標でした。材料は、さらに細くしました。6 cm × 6 cm というきわめて細い部材を、糸を編むように組み合わせることで、

従来の木造建築にはない、雲のような、繊細な空間を獲得することにチャレンジしました。しかもその「粒子化」された木造を、可能な限り露出して、肌で感じもらおうと考えたわけです。

細い小さな材料を使うことは、日本の木造建築で古くから行われてきたことです。山が急峻で、深山に育つ巨木を伐採、輸送することが古代の時代から困難だったのです。里の近くの山の木を使うのが、日本の木造建築の基本です。「里山木造」

入口横の内外の客席

参道から店舗入口を見る

と呼んでもいいでしょう。里山で伐採と同時に植林を行い、森林の自然な循環を古代より大切にしてきたのが日本です。国土の70%近い森が保たれてきた秘密は、この里山木造にあります。

　部材の1本の長さは3m、日本の里山木造の基本です。長すぎると運搬も大変なのです。デザインとしても、生産システムとしても、里山木造は世界に誇れる技術でした。

　スターバックスでは、2000本の部材を用いて部材の全長は4kmに達しました。しかも、その細い部材が建物を支える構造材なのです。細い材料をたくさん組み合わせることで、「みんなの力」で、なんとか建物を支えるというのが、里山木造の基本哲学でした。いわばクラウド状の構造システムと呼んでもいいでしょう。このクラウド状システムが、太い部材で大きなフレームを組むシス

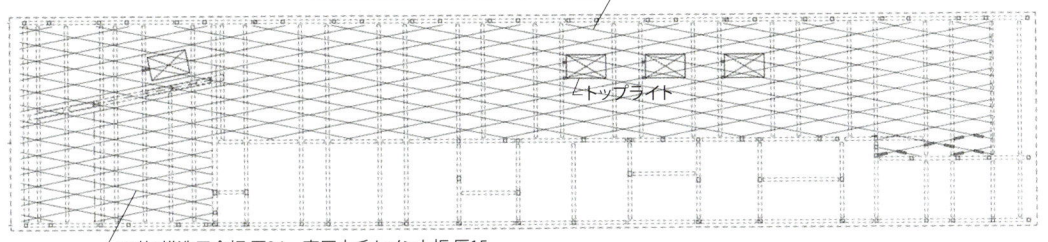

木組み接合位置　ビス留め（2〜8箇所）
トップライト
天井：構造用合板 厚24　高圧木毛セメント板 厚15　　　　　天井伏図

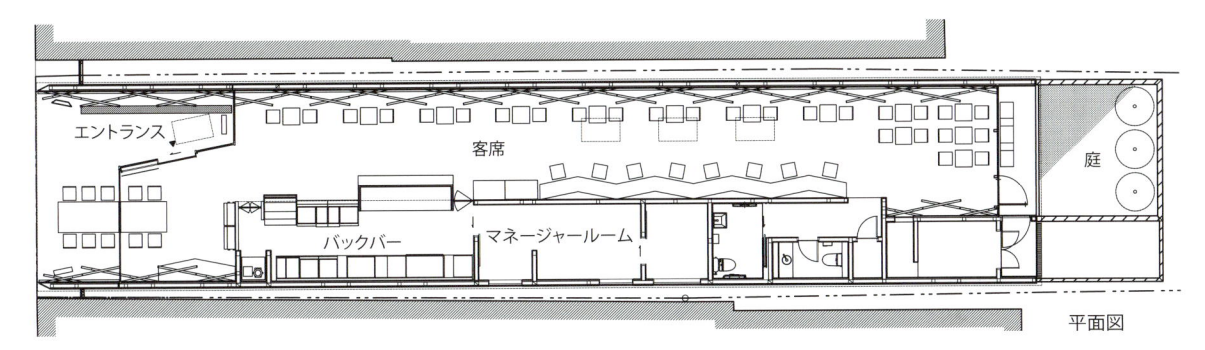

エントランス　　客席　　庭
バックバー　　マネージャールーム
平面図

店舗内木組み

テムよりも、高い耐震性能を発揮してきたわけです。

斜めのクラウド

　さらにこのプロジェクトでは、クラウドに「斜め」の要素も加わっています。それまで我々は直交する部材のグリッド構造を基本とする、チドリと呼ばれるシステムで、クラウドを作ってきました。スターバックスでは直交グリッドを捨てて、斜めの要素を導入することで、クラウドをさらにダイナミックで、流れを感じさせるものにしようと試みました。

　店舗の間口が狭く、奥行きがとても深い、ウナギの寝床のような敷地形状なので、斜めの要素で空間に流れを作り、客を奥へ奥へと誘導しようと考えたのです。斜めという手法にはそのような応用も可能なのです。実は椅子やソファも、僕らでデザインし、そこにも斜めの要素が多用しました。

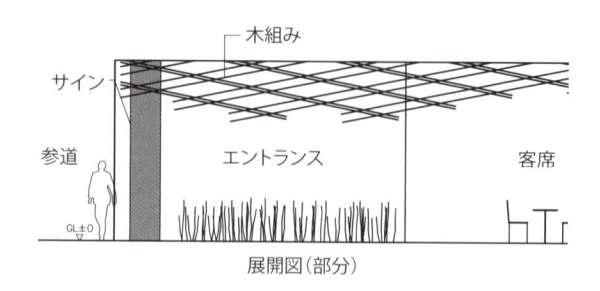

展開図（部分）

　日本の空間は、しばしば狭く、小さく、余裕がありませんが、それでも空間が退屈にならず、人を惹きつけるのは、斜めの手法をうまく使っているからです。斜めの屋根や軒を始めとする、さまざまな斜めの要素が、空間に流れを作り、動きを与えているから、狭くても気持ちがいいのです。

店舗奥から入口を見る

木組み

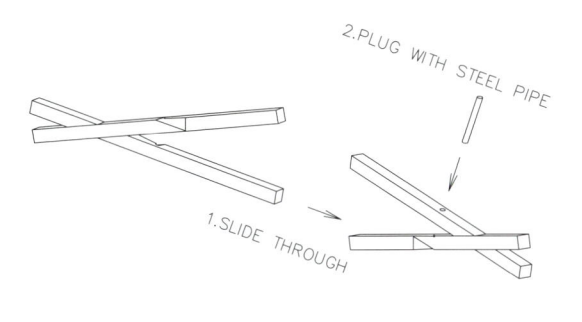

2.PLUG WITH STEEL PIPE

1.SLIDE THROUGH

所在地 ：福岡県太宰府市太宰府 3-2-43

設計 ：2011.01 〜 2011.08

工事 ：2011.08 〜 2011.11

所要用途：店舗（飲食店）

構造 ：木造

杭・基礎：ベタ基礎

敷地面積：436.71m²

建設面積：212.98m²

延床面積：210.03m²

建蔽率 ：48.77%

容積率 ：48.09%

階数 ：地上 1 階

最高高さ：4,000mm

地域地区：商業地域、準防火地域

木組みの詳細図

木組みと客席

粒子

としまエコミューゼタウン

複合の知恵

区役所の上に、分譲集合住宅（マンション）をのせるという、新しいタイプの複合建築です。

多種類の機能を複合させることによって、新しい価値を生み出す試みが、今世界で始まりつつあります。

20世紀の都市計画のルールは、用途分化、ゾーニングでした。すなわち、ひとつの地域を単一機能で埋め尽くすことでした。工場と住宅を別の地域に立地させて、住宅を騒音や公害から守ろうとするルールです。

工業化社会には、そのようなルールが必要でしたが、そのルールを無視して異種機能を複合すると、異なる活動時間の人が一緒になり、いつの時間帯にも、建物やストリートに活気が生まれることを、ジェーコブスは提唱しました。

住居地域は、昼間は人通りが少ないし、逆にオフィスが集まる地域は、夜がガランとしてしまってゴーストタウンになります。機能複合がこの問題を救うのです。豊島区役所では、昼間活気がある区役所と、夜、人が居続ける住宅を複合し、さらに両方に必要な商業をも複合することで、ジェーコブスの提案を実現したのです。

さらに複合は、経済的メリットも生み出しました。区役所と集合住宅を複合することで、区は区役所の建設費を負担する必要がなくなりました。区の所有する土地の権利の一部をマンションに売ることによって、そのお金を、区役所の建設費に充てることが出来たのです。今、世界中の自治体が、財政難にあえいでいる状況です。このような複合の知恵が、これからいよいよ必要とさせるようになるでしょう。

この複合によって、豊島区役所上部のマンションは、安全・安心を手に入れることができました。区役所自体、災害時の防災拠点の役割を果たす必要があるため、通常の耐震基準以上の耐震性能が求められます。その上にのるマンションも、同等の、高い耐震性能をもっているわけです。

さらに、防災救援の拠点となる区役所が真下にあるわけですから、いざ大災害という時には、真

周辺の状況と配置

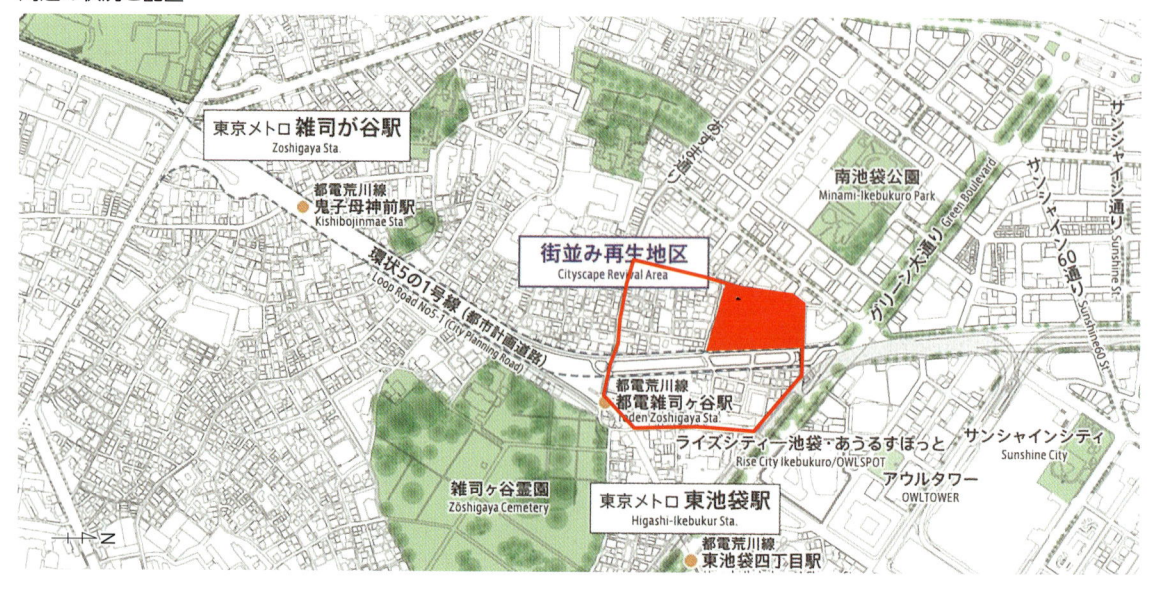

異種のインテグレート

っ先にその拠点を利用でき、区の職員のサポートも、最も得やすい場所にあるわけです。その安全・安心を高く評価する人々がこの複合の考えを支持し、マンションは即日完売でした。

複合を融かすエコヴェールデザイン

「複合」は経済的メリットを生みますが、複合のデザインは、そう簡単ではありません。低層部に商業やオフィスを入れて、上層部にマンションを入れるデザインは、「ゲタバキマンション」などと言われ、たいてい不評でした。「墓石マンション」と呼ばれることもあります。大きな石の上に、細い柱状の石を立てた、日本の典型的な墓石に似ているからです。どちらも複合の不自然さに対する悪口でした。

豊島区庁舎は、もっとスムーズな形で異種の機能をインテグレート（統合）しようと試みました。その際、2つの手法を駆使しました。ひとつは「粒子」の大きさを揃えるということです。

建築のファサードは、粒子から構成されています。ヨーロッパの石造建築でしたら、ひとつの石が基本粒子でした。運びやすさ、加工しやすさで石の大きさは決まるので、一つの街の建築は、ほ

ぼ似たようなサイズの基本粒子で構成され、それが街の景観の調和を保っていたのです。日本では木材の長さや太さが大抵揃っていて、景観の調和を作っていました。

急峻な日本の山地から、大きな木を伐り出すのは難しく、古代から、小径木（直径寸法の小さな木）を巧みに組み合わせて、複雑な間取りに対応するというのが、日本流のやり方でした。断面寸法は 10cm 前後、長さは 3 m 前後の材料を基本粒子として、日本のほとんどすべての建築が造られてきたのです。大きな公共的建築でも、小さな住宅でも、粒子の大きさに大差がないのが日本流でした。

20 世紀にコンクリートが登場して、この粒子をベースにした調和が完全に破壊されました。それを取り戻すために、僕らは再び粒子に注目して、あらゆるプロジェクトのファサードをデザインしているのです。

豊島区庁舎では、マンション部分と、区庁舎部分の粒子の大きさを揃えることに苦労しました。まず、マンション部分では、手すりを縦に小さく分節して、それぞれに異種の素材を与え、基本粒子の大きさを揃えました。

柔らかなスキンで覆うことで異種複合の不自然さを解消した

そこで手に入れた基本寸法で、低層の区庁舎部分もスムーズに粒子で覆ったのです。区庁舎部分は、植栽、再生木材、太陽光パネルという3種類の素材を粒子にあてはめています。

太陽光パネルは、区庁舎部分だけでなく、集合住宅部分の手摺りにも用いています。素材は微妙に違いますが、寸法がほぼ同一なので、高層のマンションを含めた全体に、気持ちのいい統一感が生まれました。

この粒子をエコヴェールと名付けました。植栽、太陽光パネルなど、それぞれが高い環境性能を有するので、エコヴェールと呼んだのです。大きな樹木をなめらかに覆う、葉っぱ（リーフ）のイメージです。樹木のような建築を造りたいとずっと考えていました。エコヴェールを発見したことで、豊島区庁舎では、この夢に一歩近づくことができました。

さらに気を遣ったのが、区庁舎部分と高層部分を墓石状に分離せずに、ひとつのやわらかなスキンで覆うことです。そうすることで「複合」の不自然さを解消しようとしました。

そのためには「斜め」の手法が活躍しました。まず、区庁舎の壁面を斜めにして、大きなフットプリントをもつ低層部分を、小さなフットプリントの高層部分へと、すり付けていこうとしたのです。ヨーロッパの古典建築や、それをヒントにした1930年代までのアメリカの超高層建築には、基壇の上に、タワーののった墓石型が多く（p.46に写真、エンパイア・ステートビルディング、設計：シュリーブ・ラム・アンドハーモン、1931年）、それを嫌がった1930年以降のモダニズム建築は、低層棟を大きくせずに、同一のフットプリントで高層・低層を処理するモノリス（「2001年宇宙の旅」の映画に登場した、単純な形態の物体主流となりました（p.46に写真、シーグラムビル、設計：ミース・ファン・デル・ローエ、フィリップ・ジョンソン、1958年）。しかし、モノリス型ではストリートとの接点となるべき低層部が、貧しい空間となりがちでした。

ミースがニューヨークのパーク・アヴェニューに設計したガラスの超高層の最高傑作ともいわれるシーグラムビルでは、モノリス型のミニマムな形態を実現するために、レストランが入っている低層部は、ビルの後ろ側にオマケのようについています。前面のパーク・アヴェニューから見たときに、どうしてもモノリスに見せたかったわけです。

垂直庭園「豊島の森」

スカート型の採用

　スカート型とも呼ぶべき豊島区庁舎の解答は、墓石型ともモノリス型とも異なる、第三の型を目指したものです。

　このスカート型の採用で、エコヴェールと区庁舎の室内空間の間に、ヴェールで守られた中間領域が生まれます。そこを僕らは「豊島の森」と呼ばれる、垂直庭園としてデザインしました。

　都市化以前の豊島区の自然──緑と小川に暮らす動植物──を、この「豊島の森」で再現しました。ここは市民に開かれた森で、子供達も、直接自然と触れ合うことができる場所です。森は10階からスタートし、循環式の小川も10階から下へ向かって流れ、そこにはなんとメダカも泳いでいます。

　コルビュジエは、屋上庭園によって都市の中に自然を取り戻そうと試みましたが、屋上の緑は、大地とは切断されてしまい、緑の連続性は生まれませんでした。屋上庭園はそこに住む人のためのプライベート・ガーデンになってしまい、パブリックな、市民に開かれた森にはなりにくいのです。僕らの提案した垂直庭園は、大地の緑を立体化して、壁面緑化を含んだ、緑のインテグレーションを実現するための新しい試みです。大地の緑と接続するための具体的手法を、僕らは「豊島の森」で手に入れることができました。

エンパイアーステート
ビルディング

シーグラムビル

豊島の森の立体的ビオトープ *

所在地　：東京都豊島区南池袋 2-45

設計　　：2009 年 9 月〜 2012 年 1 月

工事　　：2012 年 2 月〜 2015 年 3 月

主要用途：庁舎 共同住宅 事務所 店舗 駐車場

構造　　：中間階免震構造　鉄筋コンクリート造（高強
　　　　　度コンクリート Fc=140N/㎜ 2 採用）　鉄骨
　　　　　造　一部鉄骨鉄筋コンクリート造　地下逆
　　　　　打広報高強度プレキャスト構心柱

杭・基礎：場所打ちコンクリート拡底杭

敷地面積：8,324.91㎡

建設面積：5,319.74㎡

延床面積：94,681.84㎡

建蔽率　：63.9%

容積率　：790.6%

階数　　：地上 49 階・地下 3 階・塔屋 2 階

最高高さ：189,000mm

地域地区：第一種住居地域　防火地域
　　　　　南池袋二丁目 A 地区地区計画

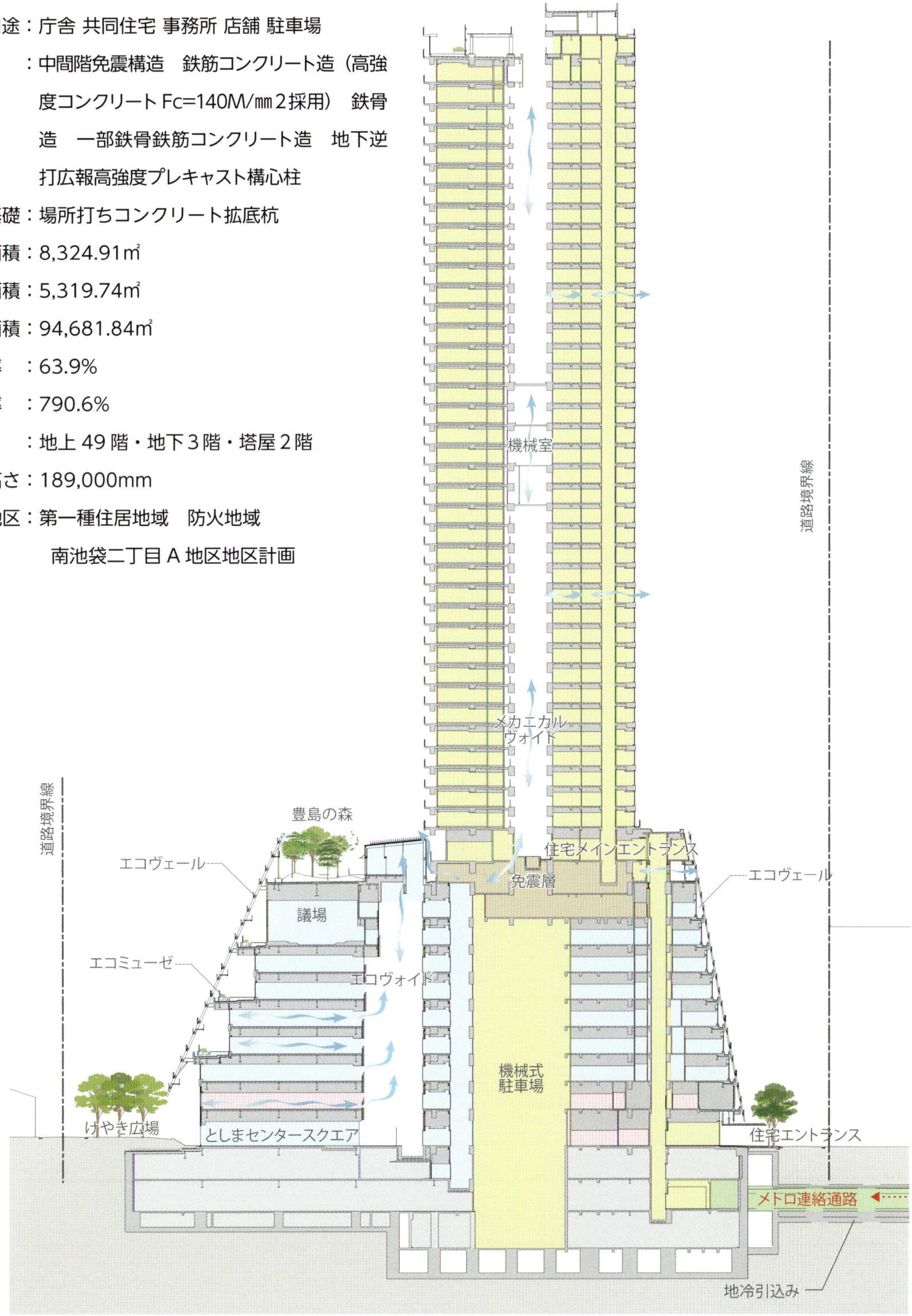

断面図

北京茶室

ポリエチレンブロックの DIY 住宅

　北京の中心、中国の歴代皇帝の住居であった紫禁城（またの名を故宮・Forbidden Palace）の東門の目の前という特別な場所に、ポリエチレンブロックを積み上げて、小さな住宅を造りました。

　ポリエチレンブロックで建築を造る試みを、僕らは 2008 年以来、いくつか試みてきました。ミラノサローネの Water Block（2007・写真）、続いてニューヨーク近代美術館（MOMA）のハウス・ディリバリー展（2008、ポスター）のためのウォーター・ブランチ（写真）です。

　ヒントとなったのは、工事現場の移動式バリケードに用いられるポリタンクです。運ぶときには水を抜き、固定するときは水を注入して重くするという仕組みに興味を持ちました。重量を自由に変更できる建築材料なんて、他に考えられません。

　気体を材料にした膜建築はいろいろあります

ミラノサローネの Water Block 2007

ホームデリバリー展 2008 ポスター

ギャラリー間のウォーターブランチハウス

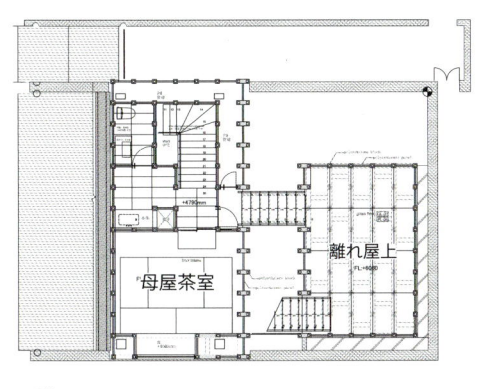

2 階

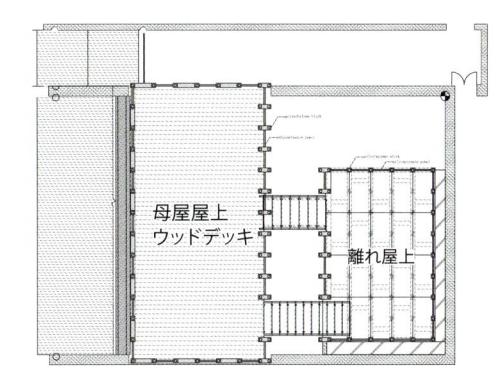

3 階

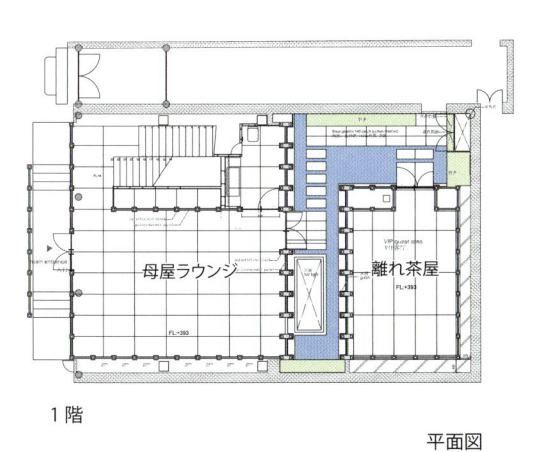

1 階

平面図

断面図

北京茶室の外観

が、液体を材料にした建築素材は、この工事用ポリタンクしかないかもしれません。液体建築というアイデアをベースにして、個人で組み立て可能な移動型建築を造ろうと試みたのです。

DIY 住宅は、モダニズム建築の究極の姿でした。コルビュジエのドミノにも DIY 指向が潜んでいますし、アメリカのデザイナー、建築家チャールズ・イームズ（1907-1978）のロサンゼルスの丘の上に建つ自邸（1949）は、スイーツ・カタログというアメリカの建材カタログで手に入る素材のアセンブリーだけで家を造ろうという、限りなく DIY に近い住宅です。僕らのポリエチレンブロックの住宅は、それをもう一歩進めようという試みです。

ギャラリー間で造った実験住宅（写真）では、ブロックとブロックを接続し、中の水を循環させ、建築の壁、床が屋根自体の中を水が流れるようにしました。給排水システムと、建築躯体とのインテグレーションを試みたわけです。

通常の建築は、まず構造体を造って、その上に仕上げ材を貼って、その隙間に設備用のパイプやダクトを通すという造り方をします。構造と意匠と設備とが完全に分離し、縦割りになっているわけです。ポリエチレンブロックの家は、ブロックの中に水が流れ、部屋を暖めたり、冷やしたりするのです。建築の縦割りを壊そうという、野心的な実験住宅でした。

現代のレンガ住宅

北京では、このポリブロックをさらに進化させ、恒久的建築を造ろうと試みました。ポリブロック同士のジョイントを工夫して防水性能を持たせ、ポリエチレンブロックとポリカーボネートパネルを組み合わせることで、北京の厳しい気候にも耐える、断熱性能を獲得することができました（ディテール図面）。

北京は伝統的に、還元焼成で黒い色に焼いたレンガを用いて、街を造ってきました。黒いレンガという基本粒子の寸法が、巨大な都市にヒューマンスケールの粒子ならではの安心感、親しみやすさを与えてくれました。粒子は街と人間をつなぐ媒体なのです。石積みの街にも、レンガ積みの街にも、そして木造の街にも、それぞれ独特の粒子感があって、人間と都市とをつないできたのです。

しかし、20 世紀のコンクリートの街は、粒子感を喪失した、とりつくしまのない街、とらえど

屋上から故宮を望む

ころのない街でした。ポリエチレンブロックの住宅は、北京の街の、失われつつある粒子へのオマージュであり、20世紀になって失われた、すべての粒子のオマージュでもあるのです。

　ポリタンクには、特別な光の効果を得る効果もありました。日本では障子を作って、このようなトランスルーセント（半透過）な光の効果を獲得してきました。中国でも、蘇州などの南の地域で、シルクを用いて同じような光の効果を達成した例があります。北京茶室は、構造体自体が、そのような光の効果を獲得しているのです。

　レンガの組積造で造った、厚くて安心感のある壁の上に、瓦の屋根をのせるというのが中国の伝統的建築の造り方です。もちろん瓦も粒子でした。僕らは石やレンガの変わりに、光を通すポリタンクを用いて、その上に瓦をのせたわけです。瓦がのったことで、隣接する伝統的な家々とも不思議なハーモニーを造り出すことができました。

所在地　　：中華人民共和国・北京市
設計　　　：2010.01 〜 2012.12
工事　　　：2013.01 〜 2014.12
所要用途　：会員制茶室、クラブハウス
構造　　　：地上：ポリエチレンブロック組積造＋鉄骨造
　　　　　　地下：鉄筋コンクリート造
杭・基礎　：べた基礎
敷地面積　：137m²
建設面積　：92m²
延床面積　：141m²
建蔽率　　：67%
容積率　　：103%
階数　　　：地上2階
最高高さ　：9,620mm
地域地区　：北京紫禁城東華門

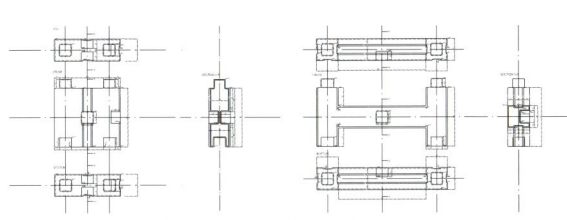

ポリエチレンブロックのモデュール

ラウンジ内部

茶室天井のポリエチレンブロック

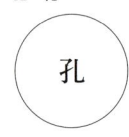

孔

ブザンソン芸術文化センター

街と川を孔でつなぐ

　ブザンソンは、スイス国境に近いフランス東部の都市で、かつて24才の小澤征爾が、国際指揮者コンクールでグランプリを受賞（1959）したことでも知られる地方文化の拠点です。

　音楽ホール、現代美術館、コンセルバトワール（音楽学校）からなるこの複合文化施設は、cite des arts（芸術都市）と名付けられ、パリ中心だったフランスの一極集中型の文化構造を覆すために、フランス政府が1982年に始めた地方文化活性プロジェクト、FRAC（Fonds régional d'art contemporain）の拠点のひとつでもあります。

　敷地は、市の中心部を流れるドゥ川に沿った細長い土地で、1930年代に建てられたレンガ倉庫は廃墟となり、街と川は残念ながら切断され、人々は川に寄りつきませんでした。

　僕らは、新しい文化施設をひとつの「孔」にみたてました。その孔によってドゥ川と街をつなぎ直そうと考えたのです。孔をくぐるとドゥ川沿いの遊歩道につながります。遊歩道も、この建築と同時に僕らのデザインで整備されました。

　具体的には、古いレンガ倉庫を保存し、その上にカラマツの集成材を用いて大きな屋根を架け、屋根と既存の倉庫で囲われた、孔のような空間を造りました。古い倉庫の壁に書かれた落書きも保存して、その倉庫に流れていた時間を可能な限り、引き継ごうと試みました。落書きを残すことにより、時間をも味方につけ、場所とこの新しい建築を、よりしっかりとつなごうと考えたのです。汚い落書きを残すか否かについては、市民と随分議論をしました。

　僕らは様々な場所で、孔の方法を用いて、街と自然をつなぐ試みをしてきました。広重美術館や、ヴィクトリア・アルバート美術館スコットランド分館（2018）も、同じように、街と自然（山、川）との境界に孔を作ることによって、街と自然とをつなぎ直すことを目標にしています。

ドゥ川沿いの遊歩道と表情豊かなブザンソン芸術文化センター

その意味で、これらの一連の建築は現代版の鳥居だと、僕は考えています。鳥居という孔を使って、日本人は、街と自然とをうまくつなぎ、自然と人間との間の密接な関係をデザインしてきました。

木漏れ日空間

　その孔を囲う屋根や壁にも、小さな開口を無数にあけました。その小さな開口から射し込む光によって、木漏れ日と呼ばれる、森の中と同じような光の状態を作り出すことができました。

　街の人は、この空間を日常の散歩道として使い、新しい回遊性が川と街の間に生まれ、捨てられて誰も寄りつかなかった街はずれの空き地が、街の最も魅力的な歩行空間へと変わったのです。

　都市の中の歩行空間の再生は、21世紀のアーバンデザインの最大のテーマです。僕らは建築を造ることでその周りの歩行空間もリデザインし、街を再生させようと試みました。

木漏れ日空間のパサージュ

街とドゥ川をつなぐ「孔」

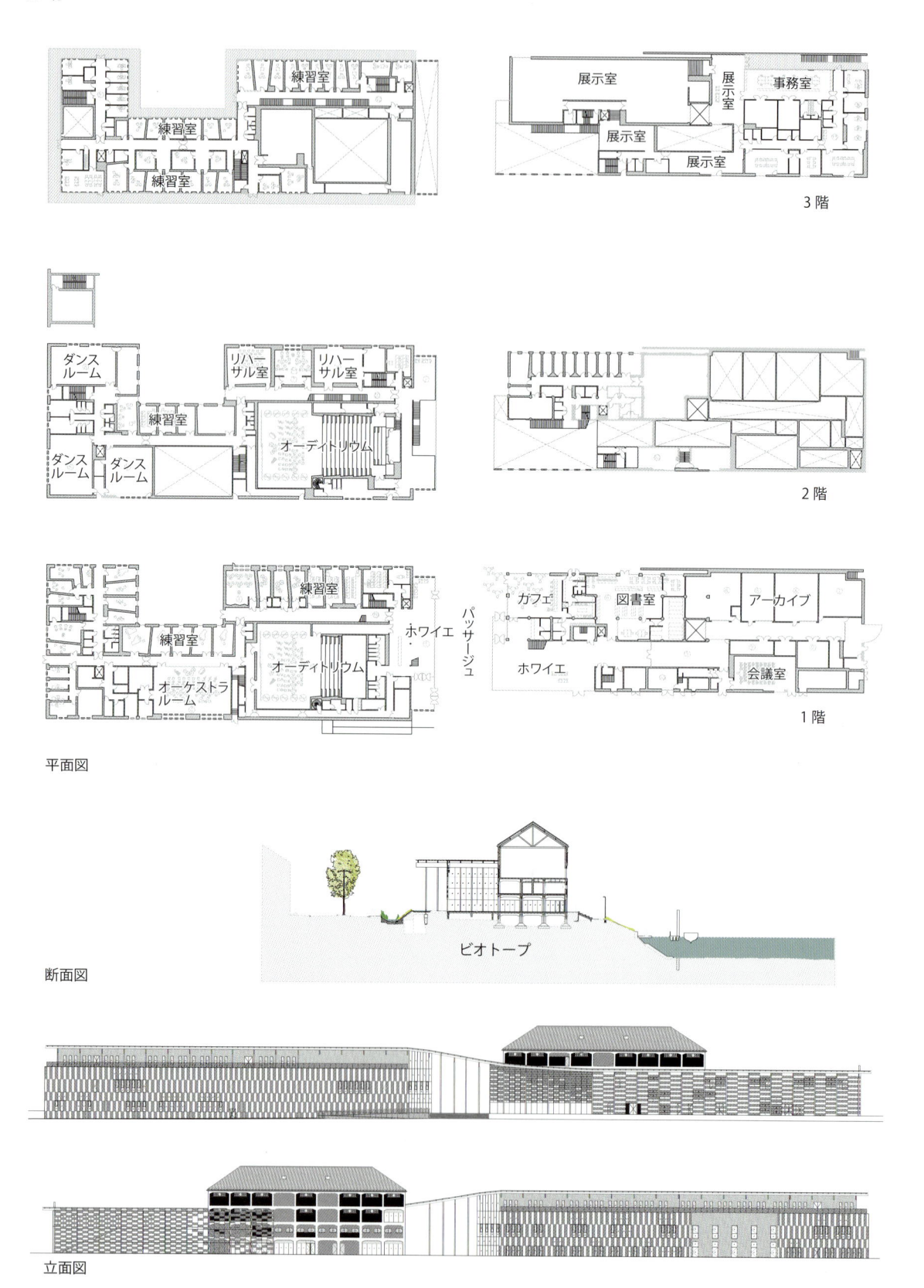

練習室
事務室
展示室
展示室
展示室
展示室

3階

ダンス
ルーム
リハー
サル室
リハー
サル室
練習室
オーディトリウム
ダンス
ルーム
ダンス
ルーム

2階

練習室
カフェ
図書室
アーカイブ
オーケストラ
ルーム
オーディトリウム
ホワイエ
ホワイエ
会議室
パッサージュ

1階

平面図

断面図

ビオトープ

立面図

街の縁側

　街と建築の間に、川の水を引いてきてビオトープを作り、魚や虫や鳥が集まるようにもしました。建築と街の接点となる一番大事な場所なのに、そこは普通、建築家がデザインできず、おろそかにされてしまいがちです。逆に僕らはそこに一番力を入れました。建築から大きな庇を出して、ビオトープの脇を散歩できるようにしました。庇にもたくさんの孔をあけて木漏れ日の感じられる空間としました。

　人類史の知見によれば、人間はもともと森の中に住んでいました。木漏れ日空間の中にいると、その頃の記憶が甦ってきて、落ち着いた気持ちになるのかもしれません。木漏れ日は英語に訳しにくい言葉です。dappledlight（まだらな光）と訳す人もいますが、それだと森の中の自然な光のニュアンスが伝わりにくいので、僕らはKOMOREBI というように、そのまま日本語を使います。

　縁側も鳥居も木漏れ日も、日本だけで使うのはもったいない、インターナショナルに使える日本発のアーバンデザインの手法なのです。

所在地	：フランス共和国ブザンソン
設計	：2007.06 〜 2010.01
工事	：2010.01 〜 2013.03
所要用途	：州立現代美術館　市立音楽学院
構造	：鉄筋コンクリート造　一部鉄骨、木造
杭・基礎	：布基礎、杭
敷地面積	：20,603m^2
建設面積	：6,529m^2
延床面積	：11,389m^2
建蔽率	：31.69%
容積率	：55.28%
階数	：地上 3 階
最高高さ	：19,800mm
地域地区	：河川沿い、歴史的保存指定建築物

木漏れ日空間

アオーレ長岡

ナカドマでつなぐ

　世界中の地方都市で、中心市街地の空洞化が大きな問題となっています。20世紀のモータリゼーションが、中心市街地を殺しました。ショッピングセンターも、公共建築もすべて、町の外に出て行ってしまい、町の中心は誰も歩かず、誰も買い物をしない、「シャッター通り」になってしまったわけです。

　東京から新幹線で2時間の距離にある長岡市では、町の外にあった市役所を町の真ん中に動かし、その真ん中に「ナカドマ」と呼ばれる屋根付き広場を設けることで、中心市街地問題を解決しようと試みました。新しい市役所は新幹線の長岡駅と屋根付きの遊歩道で接続され、毎年100万人以上の人が市役所を訪れ、市役所から街へと人が流れ、長岡市の人の流れが大きく変わりました。人口30万人に満たない長岡市にとって、こんな多くの人達が市役所に集まり、市役所を愛するようになるとは誰も予想していませんでした。

「孔」に人が集まる事例／長岡アオーレ

　長岡市の新しい市役所の真ん中には、ナカドマと呼ばれる屋根付きの孔を作りました。

　土間は、日本の農家にとってきわめて重要なスペースです。雨に妨げられずに農作業をするスペースであると同時に、カマドを中心とする調理の場所であり、日々の食事の場所でもありました。正月や結婚式などの特別のイベントの場合だけ、玄関から客人がはいってきて、畳敷きの座敷を使うわけですが、普段は土間から出入りをし、土間でほとんどすべてのコミュニケーションが行われます。土間は地域のコミュニケーションの場所であり、日本人にとって、生活の中心そのものだったのです。

　広場を作るのではなく、土間を作りたいというところから、長岡市役所の計画はスタートしました。土間は普通、家のはじにありますが、土間を囲って部屋を作るナカドマという形式があること

配置図

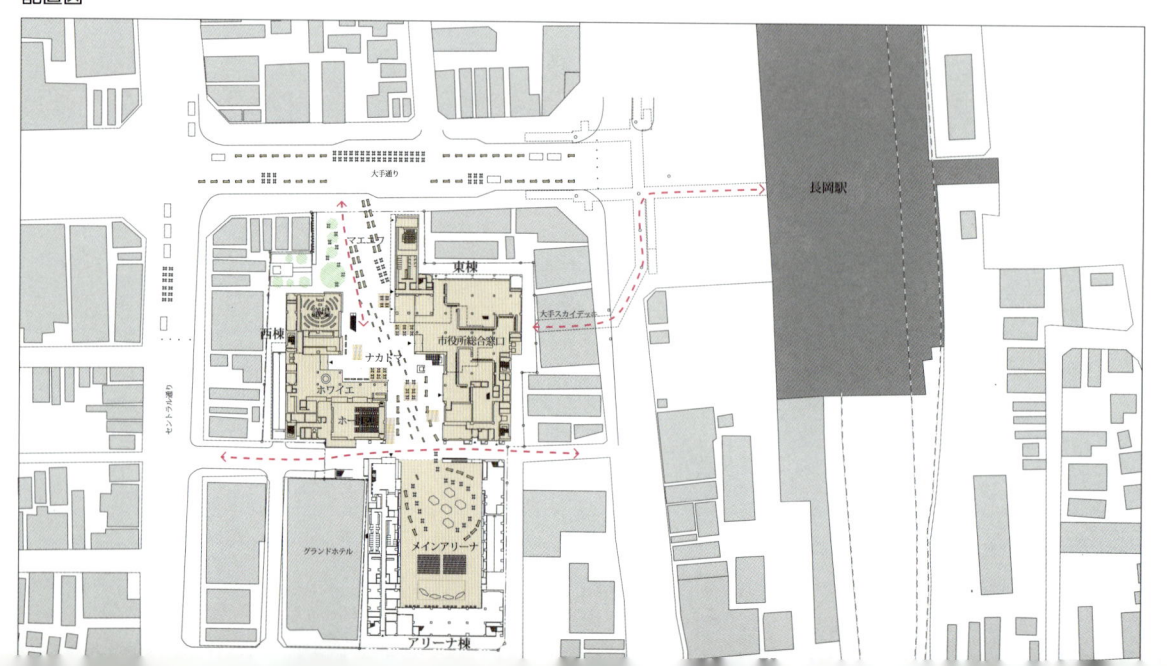

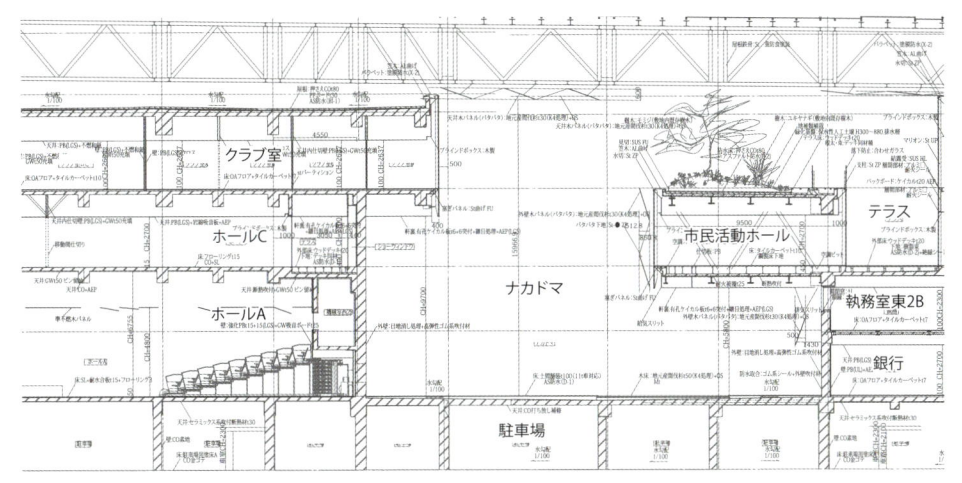

クラブ室

ホールC

ホールA

市民活動ホール

ナカドマ

テラス

執務室東2B

銀行

駐車場

ナカドマ断面図

を発見して、一気に計画が固まりました。

　それからは市役所を設計しているとは考えず
に、どうやったら気持ちのいいナカドマが作っ
て、市民が集まる場所を作るかに集中しました。

　主役は、建築でなくて、ナカドマという孔にな
ったのです。コンペの審査委員長であった槇文彦
先生が、竣工した建物を訪れて、「靴下を裏返し
にしたような建築」と評してくれました。通常の
建築は、建築が主役で、まわりに脇役としてのオ
ープンスペースがあるわけですが、その関係を反

転して、真ん中のオープンスペースを主役にした
というわけです。

　ナカドマの床には、農家の土間でよく用いられ
るタタキを改良した土の質感を持つ材料を用いま
した。タタキは三和土とも書き、土と石灰とにが
りの三種類の材料を用いて、それをたたいて固め
て仕上げます。暖かく湿った土の上を歩く感触を
残そうと考え、床の材料に一番こだわったわけで
す。

　西欧の広場は、石やタイルといった硬質の材料

ブリッジよりナカドマを見る

で床が作られていますが、長岡の孔の床は日本の農家のやわらかい質感を与えることで、人々をいやし、ほっとさせるコミュニティスペースを作り出そうとしました。

　床をどの材料で仕上げるかは、壁や天井の材料の選択より、はるかに重要です。なぜなら、床は直接、人間の体に触れるからです。床が人間の心理に与える影響力は、壁や天井とは、一桁も二桁も違うのです。

プランクでつなぐ

　ナカドマを囲う壁や天井は、木でできた粒子の集合体としてデザインしました。コンクリートの公共建築という重たくて大げさなイメージに替わって、日本の木造の農家のもっている、暖かさ、親しみやすさが感じられるようにしたのです。

　単に木を使えばいい、というわけではありません。木というテクスチャーが重要なわけではなく、木がヒューマンスケールの小さな粒子であることが重要なのです。

　日本の木造は、小径木（10cm角内外の小さな断面の木材）を組み合わせることで、どんな大きさ、どんな種類の空間でも造れてしまうフレキ

シビリティーに、持ち味がありました。近くの里山でもとれる小径木をやりくりしながら、建築を経済的に造ってきたのが、日本の建設システム経済システムの原点だったわけです。

　小径木を貼目板（プランク）と呼ばれる10cm内外の幅の薄い板にしたものは床・壁・天井などの様々な部分で使われ、日本の建築の重要なテクスチャーを作ってきました。

　アオーレでも内外装に徹底してプランクを使い、ヒューマンスケールを生み出そうとしました。なかでも、プランクの取り付け方には特にこだわりました。プランクが軽やかな粒子として感じられることで、木が初めてヒューマンスケールの粒子として感じられるからです。その薄さ、軽やかさを達成するために、金属のエキスパンドメタルを下地にし、プランクを取り付け、板の端部が薄く感じられるディテールとしました。通常のように枠を下地にしてプランクを取り付けると、枠の存在が目立ってしまって、軽やかさが失われてしまうのです。下地とエッジの処理によって、同じプランクでもまったく違ったものに感じられてしまうのです。

木漏れ日のような光に満たされたナカドマ

地元の素材にこだわる

　プランクに用いた杉は、地元材にこだわりました。越後杉を産する森が近くにありますが、15km以内の杉を使うというルールを決めて、材料を調達しました。

　内装には、公共建築ではあまり使うことのない手スキの和紙や、ツムギと呼ばれる手織りの布も使いました。地元で長く親しまれてきた材料を使うことによって、かつての民家のような暖かく、やわらかな質感を、公共建築の中で取り戻そうとしたわけです。

　和紙には、雪サラシという手法によって得られる、他にはないような美しい白い色で知られる地元の小国和紙を用い、小国和紙に柿渋で色を付けたソファもデザインしました。

　地元の農家で作られてきた、素朴なテクスチャーを持つ栃尾ツムギという絹織物は、窓口の受付カウンターに用いました。冷たく、威圧的になりやすい「お役所」を、地元のなつかしい素材の力で、やわらかく、暖かいものに変えようとしたのです。

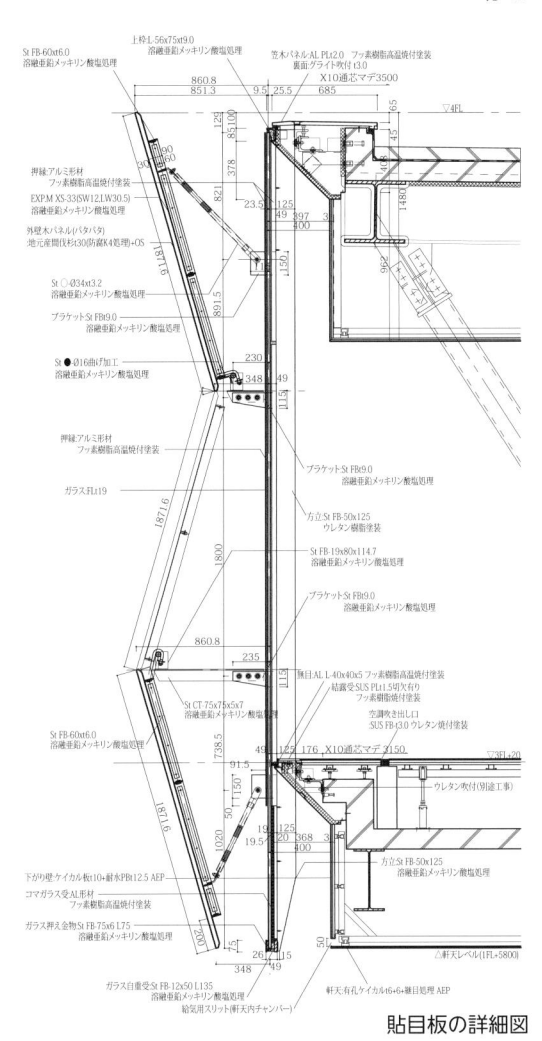

貼目板の詳細図

市役所総合窓口の栃尾ツムギのカウンター

木でできた粒子で囲まれたナカドマ

暖かく湿った土の感触の残るナカドマ

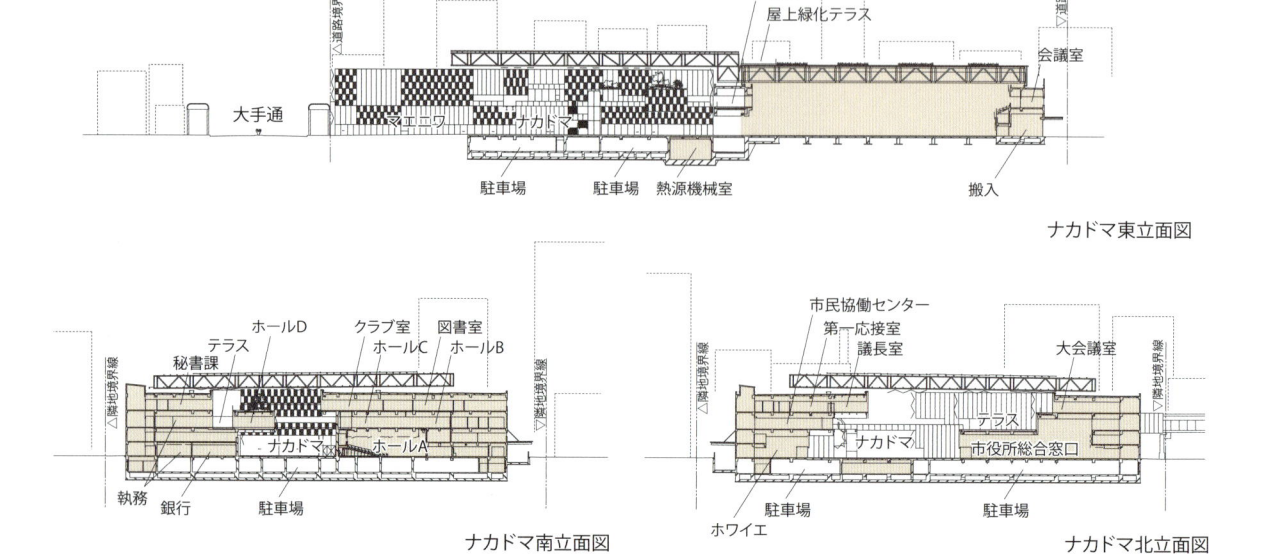

ナカドマ東立面図

ナカドマ南立面図

ナカドマ北立面図

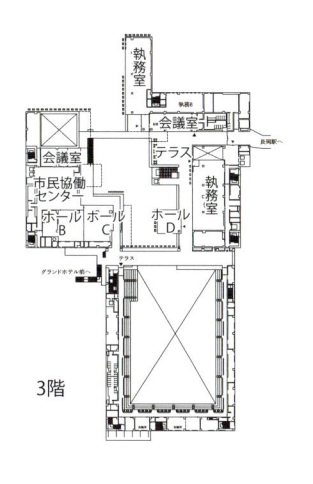

3階

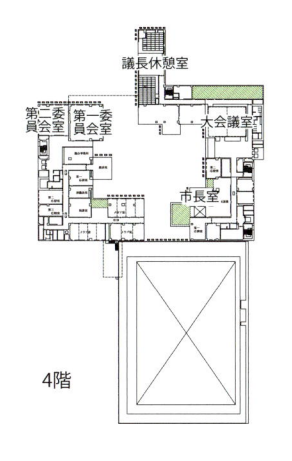

4階

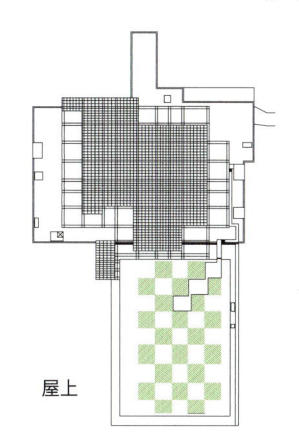

屋上

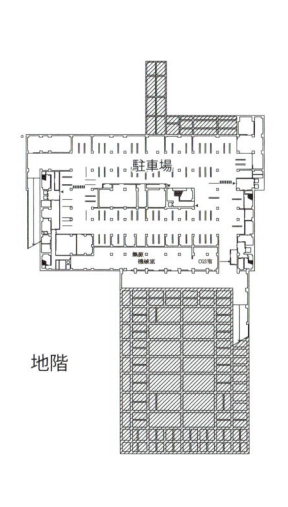

地階

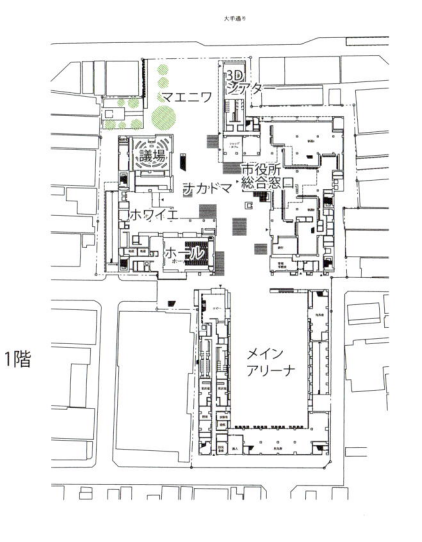

1階

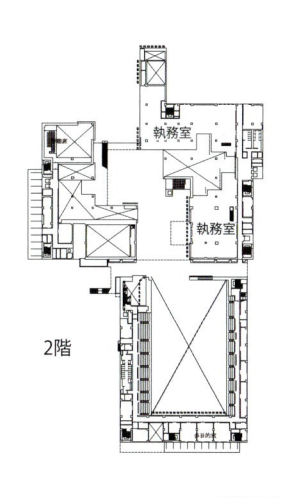

2階

平面図

古材でつなぐ

　敷地に建っていた厚生会館に使われていた古材も、積極的に再利用しました。緞帳は新しいアリーナで吸音材として壁に貼られ、体育館の床材は、窓口のサインに転用され、真鍮の手すりは、エレベーターの中に新しい居場所を見つけました。そうやって時間を継承することも、建築をその場所につなぎとめるために、大きな効果を発揮します。

所在地　：新潟県長岡市大手通 1-4-10
設計　　：2008.02 ～ 2009.09
工事　　：2009.11 ～ 2012.02

所要用途：市役所本庁舎（事務所）、集会場、自動車車庫、店舗・飲食店、銀行支店　屋根付き広場
構造　　：鉄筋コンクリート　一部鉄骨造　プレストレストコンクリート造
杭・基礎：直接基礎（一部地盤改良）
敷地面積：14,938.81m²
建設面積：12,073.44m²
延床面積：35,492.44m²
建蔽率　：81.81%　　　容積率　：205.75%
階数　　：地下1階、地上4階, 塔屋1階
最高高さ：21,400mm ／軒高：20,910mm
地域地区：商業地域、防火地域、多雪地区

飯山文化交流館 なちゅら

過疎化が進む地域に文化拠点を

2015年春に開業される北陸新幹線飯山駅の駅前に、文化ホールと地域交流施設の複合体を計画するプロポーザル（競技設計）が行われました。

1962年に建設された既存の飯山市民会館がかなり老朽化していることと、2010年に飯山市が過疎化地域に指定され、2015年までの自立促進計画が策定されていることから、その建物には芸術文化機能と賑わい交流機能を備える必要がありました。カフェや会議室を含めて、単なる「ホール建築」が求められていないのがコンペ要項からもうかがえました。

過疎化が進む地域に、文化拠点とにぎわいのある空間を作りたいのですが、周辺コンテクストに手掛かりがありません。まず敷地の内側ににぎわい核を設ける必要があると考えました。それが「広場」になるのか、「みち」になるのかという議論からスタディが始まりました。

飯山では、街に残るガンギ——雪国ならではのアーケード——からナカミチという路地型のコミュニケーション空間を思いつきました。長岡アオーレのような広場型ではなく、通り抜けるミチを作って、駅と地元をつなごうと考えたのです。

新幹線と地元をつなぐナカミチ

はじめて敷地を訪れた時から、「駅との微妙な距離」が気になっていました。駅前広場に接する最も便利な場所には、すでにスーパーマーケットが計画されていたし、大きな立体駐車場が作られている。それらからより遠い場所に建っていながら駅からの人を引き込むには、彫塑的な三次元立体ではなく、吸引力のある凹型のファサードが必要だと考えました。

「ロンシャンの礼拝堂」（1955年、設計：ル・コルビュジエ）のファサードのように施設の顔に負圧をかけてConcave（＝凹面）にすることで、駅からの流れを呼び込まざるしかないと思いついたのです。Concaveは壁と孔の中間の「半孔」

駅からの流れを呼び込む凹型のファサード

と呼んでもいいでしょう。

素材感のある公共建築

新幹線の駅が放つ独得な「真っ白さ」に対して、木やコールテン鋼でコントラストを作っていきました。規模もそこそこに大きいのですが、Concaveと素材感によって、ローカル線時代のヒューマンな感覚を、新しい新幹線駅の脇の建築に埋め込むことができました。新幹線と飯山のような小さな街との間には、ゆっくりとした速度で走るローカル線的方法が必要だと考えました。

九州新幹線の開業を期に計画された多目的文化施設「九州芸文館」（2013年）も、新幹線のスピードを受けとめる孔として設計しました。この孔でスピードを減速し、地元の民家や隣接する公園、筑後川が守られるのです。新幹線のスピードは、そのような孔で減速しないと、あまりに暴力的だと思いました。

ナカミチをヒューマンに

いちばん苦労したのは、建物の真ん中を貫通するナカミチの空間の作り方です。雪除けの屋根付きアーケードは雁木と呼ばれ、飯山の旧市街の雁木もとてもヒューマンで暖かい空間だったので、この雁木のような空気感をナカミチの中に創造したいと考えました。

しかし、まず空間のスケールが全然違います。なちゅらの規模では、主体構造はコンクリート構造しか選択の余地がありません。

コンクリートのモダニズム建築は、抽象性、純粋性を観念的に追求して、空間をすっかり貧しくしてしまいました。僕らは様々な二次的構造を挿入し、構造的にも重層性を与えていくことで、空間の豊かさを回復しようと考えているのです。伝統的な日本建築の構造は、きわめて重層的です。メインの構造体の柱・梁以外の部材——例えば土壁、格子、建具など——が二次構造として、耐震

ロンシャンの礼拝堂

なちゅらと駅周辺

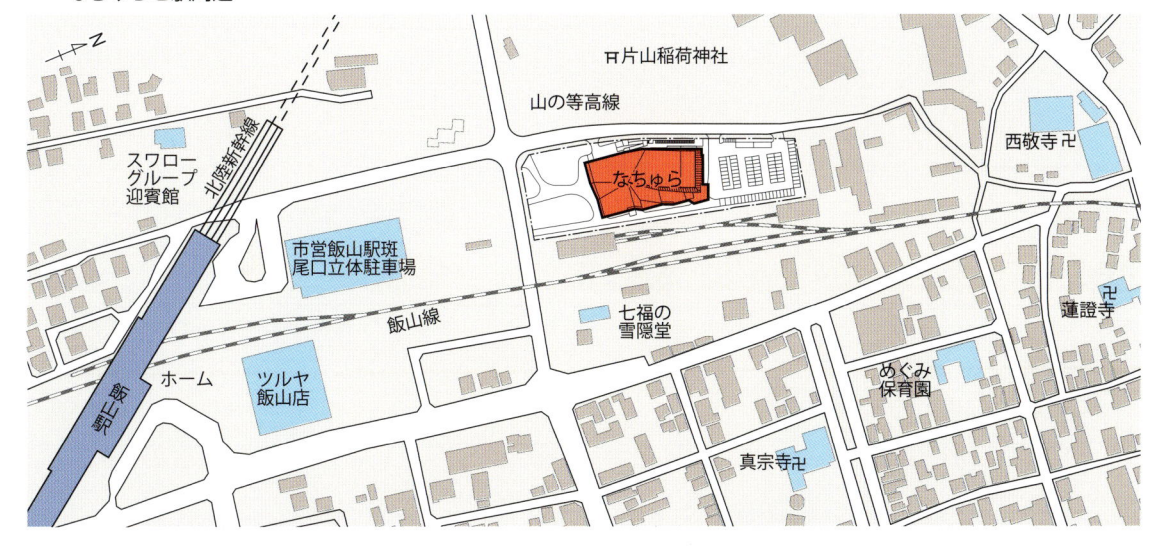

の助けにもなり、空間の豊かさにも寄与しているのです。そのような二次構造の復活を、僕らは新国立競技場をはじめとする様々なプロジェクトの中で実践しています。

大きすぎても小さすぎてもいけない

雁木の魅力は、木構造独得の小さなスパンと、構造材（柱、梁）の細さ、小ささなのです。コンクリート造のなちゅらでは、いかに床をタタキにしたり、壁の仕上げに木や左官の塗り壁を使って

雁木
ナカミチのヒントとなったのは雪国地域の「ガンギ」と呼ばれる屋根付きアーケードで、その木のフレームと土間が作るヒューマンでインティメートなコミュニティのための空間を、現代に蘇らすことができた。

も、それだけでは雁木になりようのないことに気づきました。

僕らは思い切ってナカミチの部分の天井にカラマツの集成材でできた二次構造を挿入することにしました。

構造的に見れば、一種の折衷的な「不純」な解析ですが、単なる仕上げ材として木を使ったのとは全く別の心地よいリズムが、ナカミチの中に響きはじめます。

手法としてまとめれば、ナカミチ自体は孔なのですが、挿入された木構造に、粒子の手法が用い

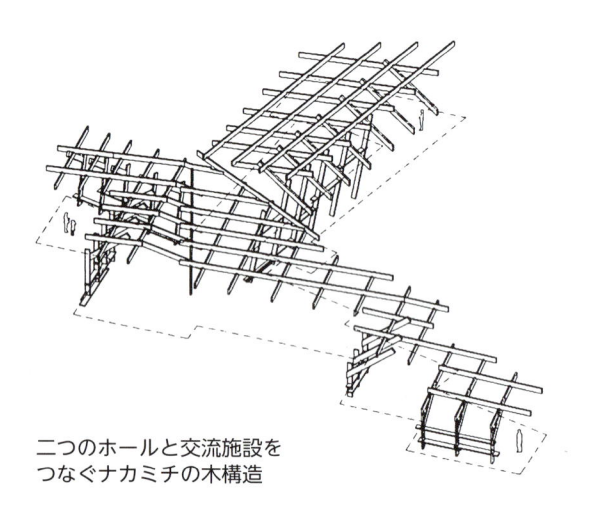

**二つのホールと交流施設を
つなぐナカミチの木構造**

ナカミチの三叉：ミチと孔が同時に存在する空間

られています。集成材の柱・梁が、空間の単位となる粒子になります。その粒子の寸法が大きすぎてもいけないし、小さすぎてもいけません。大きすぎるとコンクリートのフレームのようになってしまい、雁木とはほど遠いものになってしまいます。小さすぎると空間全体の中で、装飾にしか感じられなくなってしまい、普通の商業的空間のようになってしまいます。空間の大きさに応じた粒子寸法を選択しなくてはなりません。

音楽としての建築

粒子のサイズが決まったら、次は粒子（音符）がどんなリズムをたたき出すかです。僕らは粒子という手法を試みているうちに、建築は粒子（音符）の作る音楽であることに気づきました。「建築は凍れる音楽である」（ゲーテ）と言われてきました。建築と音楽の相似性は、しばしば言われてきました。

しかし具体的に建築と音楽の関連を述べた人は、あまりいません。僕らは建築の構成する粒子に注目しはじめました。粒子は音符なのです。その音符を使って心地よいリズムを作るのが設計者

の仕事であると、考えるようになりました。

音楽というと「美しいメロディ」を思い浮かべる人が多いかもしれませんが、メロディは空間を実際に体験する人、すなわちユーザーの領域に属すると僕は考えます。設計者が自然で心地よいリズムを用意してあげることができれば、ユーザーはそのリズムに乗って、自分に、自分のやり方でメロディを奏でることができます。逆にメロディまで設計者が用意してしまうと、ユーザーにとっては暑苦しくて、うっとおしい空間になりがちで

ナカミチから駅側の入口を見返す

駅側の凹型ファサード

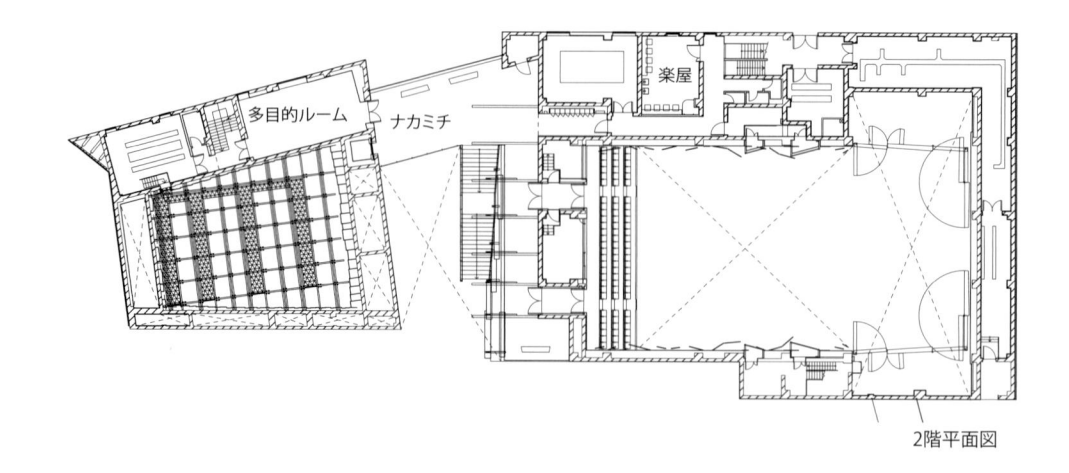

多目的ルーム　ナカミチ　楽屋

2階平面図

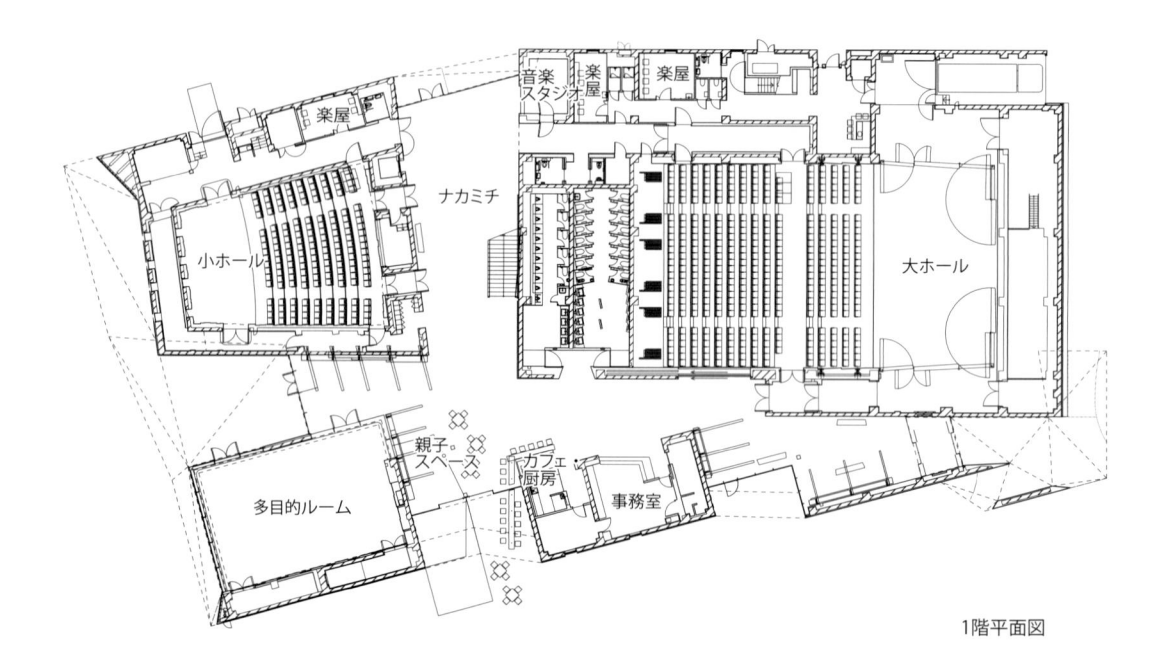

音楽スタジオ　楽屋　楽屋

楽屋

小ホール　ナカミチ

大ホール

親子スペース

多目的ルーム　カフェ厨房　事務室

1階平面図

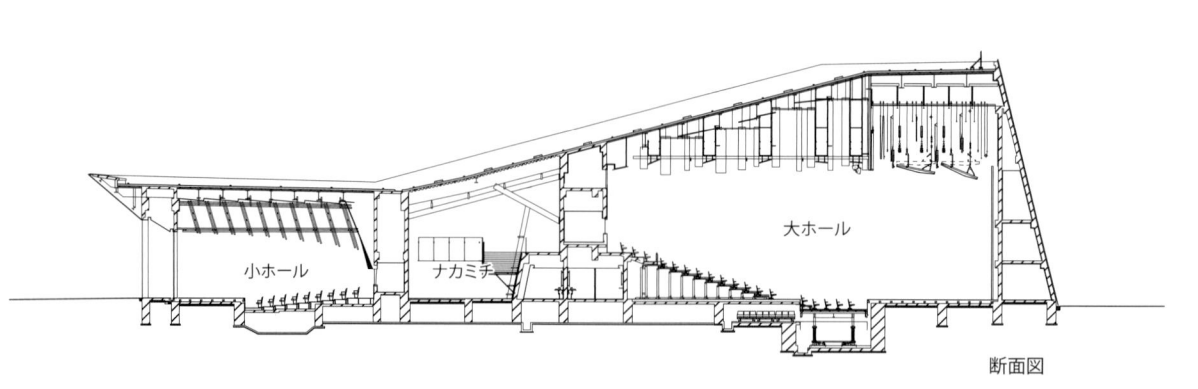

小ホール　ナカミチ　大ホール

断面図

小ホール：障子で仕切られた雪国の座敷をイメージした空間

大ホール：椅子が収納され平土間にもなる

す。なちゅらでは、そんなことを考えながらカラマツの集成材を使って、雪国の雁木のリズムを刻んでいったのです。

所在地　：長野県飯山市大字飯山 1370-1

設計　　：2012.04 ～ 2014.03

工事　　：2014.04 ～ 2015.12

所要用途：劇場、飲食店舗

構造　　：主体構造　鉄筋コンクリート造

一部構造：鉄筋造（屋根）、PC 造（大ホール観客席部）

杭・基礎：直接基礎＋地盤改良（鋼管杭）

敷地面積：9,926.16m^2

建設面積：2,863.47m^2

延床面積：3,888.21m^2

建蔽率　：28.85%（許容：90%）

容積率　：39.17%（許容：200%）

最高高さ：19,550mm ／軒高：18,550mm

地域地区：近隣商業地区、多雪地区

ローカル線の風景とスピードが響きあうコールテン鋼の外壁

斜め

帝京大学小学校

配置図

斜めの屋根の木造校舎

　木造校舎を、現代によみがえらせようと考えました。木造校舎は木でできているだけではなく、上に勾配屋根がのっていたことが重要です。勾配屋根の斜面によって、建築と大地とが接続され、学校が大きな家のように感じられました。

　僕自身、屋根ののった木造校舎で学びました。木でできたごつごつした床を、一列に並んで雑巾がけした日々を、今でも覚えています。

　小学4年生の時、すなわち1964年の東京オリンピックの年に、校舎がコンクリート造になってしまったときのショックも覚えています。新しい校舎を楽しみにしていたのに、倉庫のような殺風景な空間に放り込まれて愕然としました。前の

校舎の暖かい木の質感を取り戻したい、今の子供たちにも感じさせたいという思いで、この小学校を設計しました。

　帝京小学校では、まず異なる勾配の屋根を共存させました。内部空間からの要求が場所場所で異なります。また隣地の側の条件も、小さな民家があったり、コンクリートの集合住宅があったりと、様々です。その多様な境界条件を、勾配の違

ピッチの異なるルーバーよって校庭側ファサードに変化をつける

う複数の屋根で対応するのです。勾配屋根には、そのような芸当もできるだけの柔軟性、適応力があり、日本の伝統建築は、複数の勾配をひとつの建築の中に共存させてきました。

斜めのユニバーサルスペース

斜めの手法は、室内でも多用されています。異なるフロアを、斜めに抜けた吹抜けで対角線方向に接続しようと試みました。フロア同士が斜めに接続されることで、異なる学年同士のコミュニケーションが生まれます。垂直の吹抜けだと、上下階がつながっているとはいえ、上と下で顔と顔が向き合うという感じにはなりません。

斜めの吹抜けにすると、上下階でも顔が向き合う関係になって、一体感が倍増します。学年をまたがったコミュニケーションは、今までの学校にはなかった、刺激的な教育環境を生み出します。上下関係でも水平関係でもない、新しいタイプの関係性が生まれる予感がします。

いま、教育界には、アクティブラーニングという言葉が流行していますが、斜めの吹抜けはまさにアクティブな教育環境を用意してくれるのです。

団地（北）側は屋根の勾配を変えてなじませる

体育館と校舎間の
半屋外コリドー

大屋根を使って建物を大地に繋ぎとめる

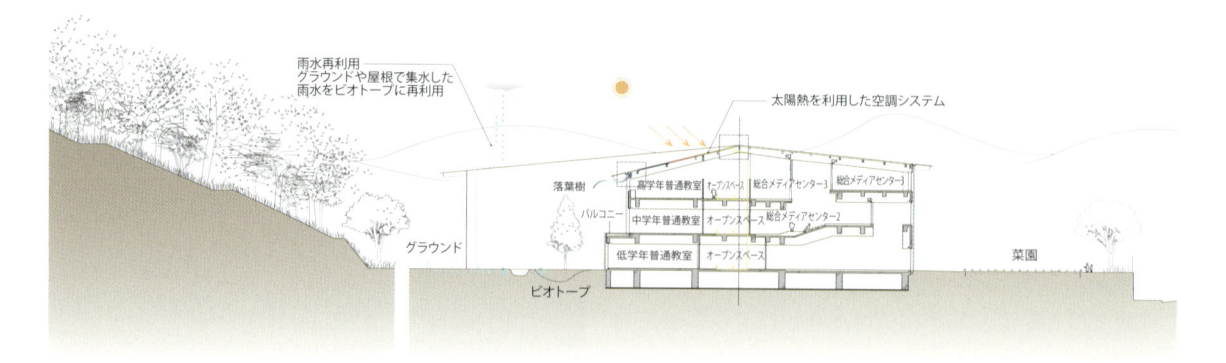

雨水再利用用
グラウンドや屋根で集水した
雨水をビオトープに再利用

太陽熱を利用した空調システム

落葉樹
バルコニー

高学年普通教室　オープンスペース　総合メディアセンター3
中学年普通教室　オープンスペース　総合メディアセンター2
低学年普通教室　オープンスペース

グラウンド

ビオトープ

菜園

環境断面図

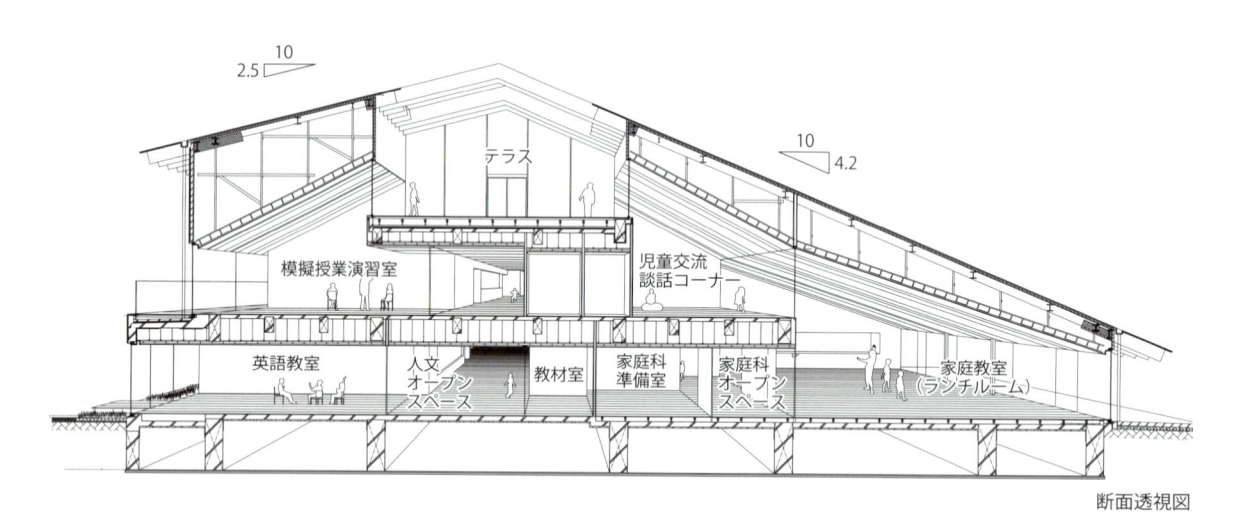

10
2.5

テラス

10
4.2

模擬授業演習室

児童交流
談話コーナー

英語教室　人文
オープン
スペース　教材室　家庭科
準備室　家庭科
オープン
スペース　家庭教室
（ランチルーム）

断面透視図

1階オープンスペースから普通教室を見る

なかでも複数の階をまたがる図書館は、今まで
の学校にはなかった新しいアイデアです。

斜めに接続されたカスケード（滝）型の流動的
空間を持つ図書館で、学年を超えた知的交流が生
まれます。

この図書館は本だけではなく、コンピューター
端末、i-padなども使えるマルチメディア型の図
書館です。床に様々なレベル差のある空間で、端
末を持った子供達が、それぞれの居場所をうまく
見つけて、時には床に直にすわって端末をいじっ
たり、読書をしています。

20世紀の労働、学習の空間は完全にフラット
な空間が理想で、その種のフラットな空間はユニ
バーサルスペースと呼ばれました。

建築家ミース・ファン・デル・ローエは、ユニ
バーサルスペースの生みの親といわれます。ミー
スのオフィスビルのプロジェクトには、水平のユ
ニバーサルスペースが、上下に積層したスタイル
で、20世紀のオフィスビルの原型となりました。

このフラットなユニバーサルスペースを超える
空間がオフィスだけでなく、教育空間にも必要と
されています。大階段型やカスケード型の斜めな
空間は、つながりながらもちょっとしたプライバ

シー感が生まれます。昔の原っぱは、つながりと
プライバシーを両立させてくれました。地面にア
ンジュレーションがあったり、大きなゴミが置い
てあったりして、カクレンボには最適でした。こ
の図書館は原っぱ現代版です。地形には様々な斜
めが埋め込まれていて、その斜めが僕らに自由を
与えていてくれたのです。

この斜めの空間を、「斜めのユニバーサルスペ
ース」と呼びたくなります。壁で仕切られていな
い自由なスペースという点ではユニバーサルスペ

複数の階にまたがるメディアセンター

斜めに接続されたカスケード（滝）型の流動的空間

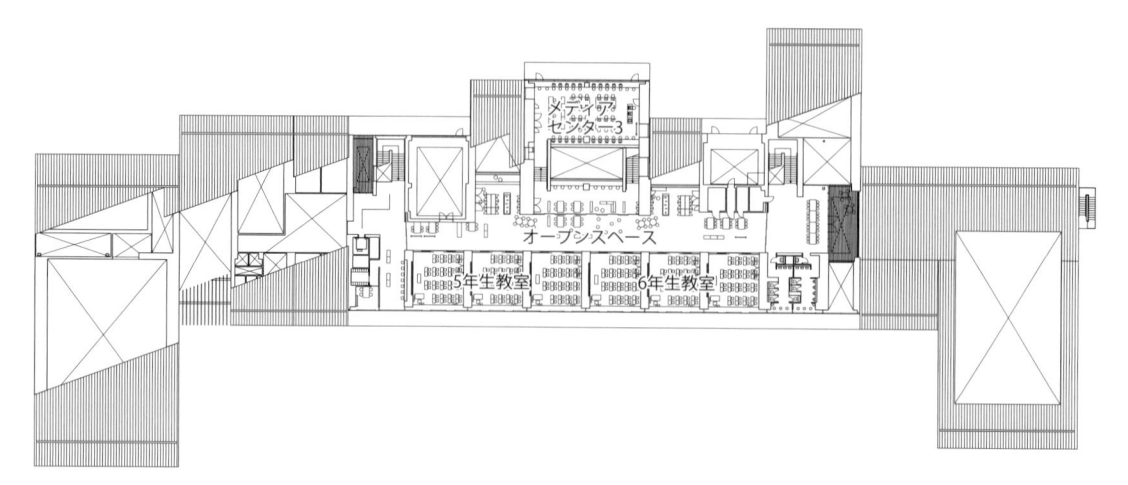

3階平面図

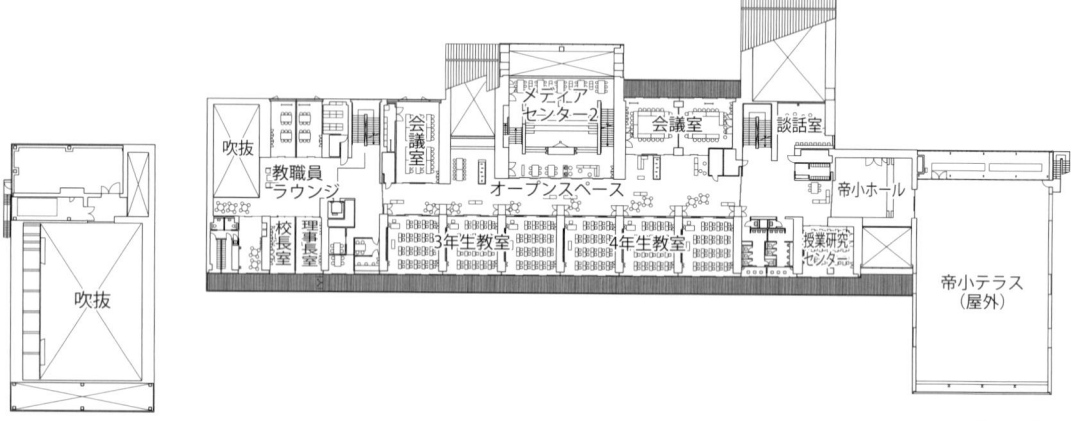

2階平面図

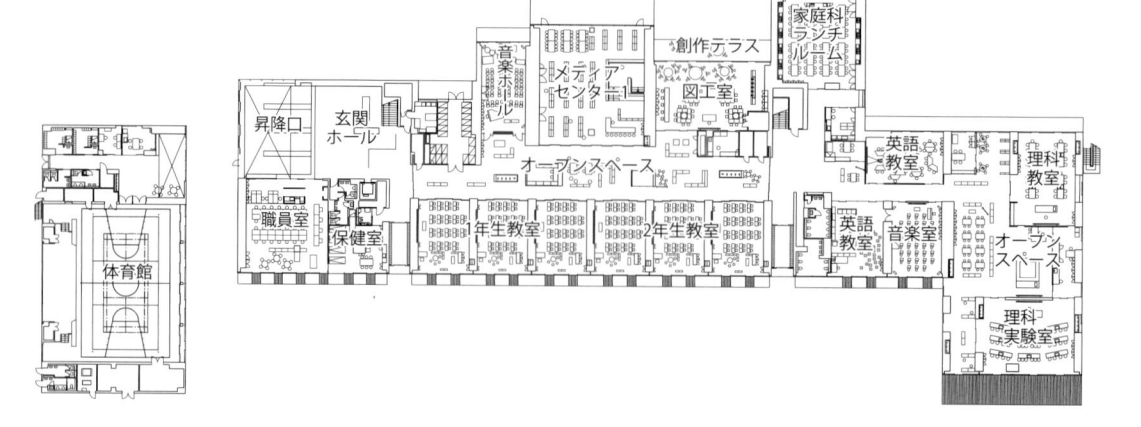

1階平面図

銀座松竹スクエア・カスケード状のロビー

ースですが、斜めの要素が入ることで、20世紀
のフラットなユニバーサルスペースにはなかっ
た、より大きな自由を手に入れることができるの
です。
　僕らが設計した銀座松竹スクエアビルのカスケ
ード状のロビー空間（2002）や、浅草観光文化
センター（2012）の階段状の小劇場も、そのよ
うな「斜めのユニバーサルスペース」として整理
することができます。

所在地　：東京都多摩市和田 1254 - 6
設計　　：2010 年 7 月～ 2011 年 2 月
工事　　：2011 年 2 月～ 2012 年 2 月

浅草観光文化センター　小劇場

主要用途：小学校
構造　　：鉄筋コンクリート造
　　　　　一部：鉄骨鉄筋コンクリート造・鉄骨造
杭・基礎：杭基礎
敷地面積：22,852.04㎡
建設面積：4,405.11㎡
延床面積：7,781.32㎡
建ぺい率：19.27%
容積率　：34.05%
階数　　：地上 3 階
最高高さ：13,940mm ／軒高 11,860mm
地域地区：第一種中高層

斜めの屋根のもつ大きな構造性が安心感を与える

斜
め

中国美術学院民芸博物館

配置図

斜めの床

中国の杭州には、中国一の景観とも呼ばれる西湖を中心として、美しく、やわらかな景観が拡がっています。その杭州郊外の、もともと茶畑だった、ゆるやかな丘の斜面が敷地です。丘の斜面がそのまま建築の床になったような、大地に寄り添う、平屋のミュージアムを造りました。

床が斜めになったミュージアムというと、20世紀建築の巨匠、フランク・ロイド・ライト（1867〜1959）がニューヨークに設計した、グッゲンハイム・ミュージアム（1959）が有名です。ラセン状のスロープにアートを展示するアイデアは、ミュージアムの革命とも言われました。しかし、実際には、ニューヨークの限られた敷地の中に、無理矢理にスロープを何重にも重ねていったため、大地の延長としての斜面というよりは、人工的な通路空間の印象が強すぎて、何やら立体駐車場のようでもあって、美術関係者からも不評でした。

平行四辺形分割

僕らは、茶畑の大地を壊すことなく、そのおおらかな自然のスロープが、そのまま展示空間となるような平面計画を行いました。そのために、平

平行四辺形の幾何学を媒介にして、複雑な地形に建物を対応させる

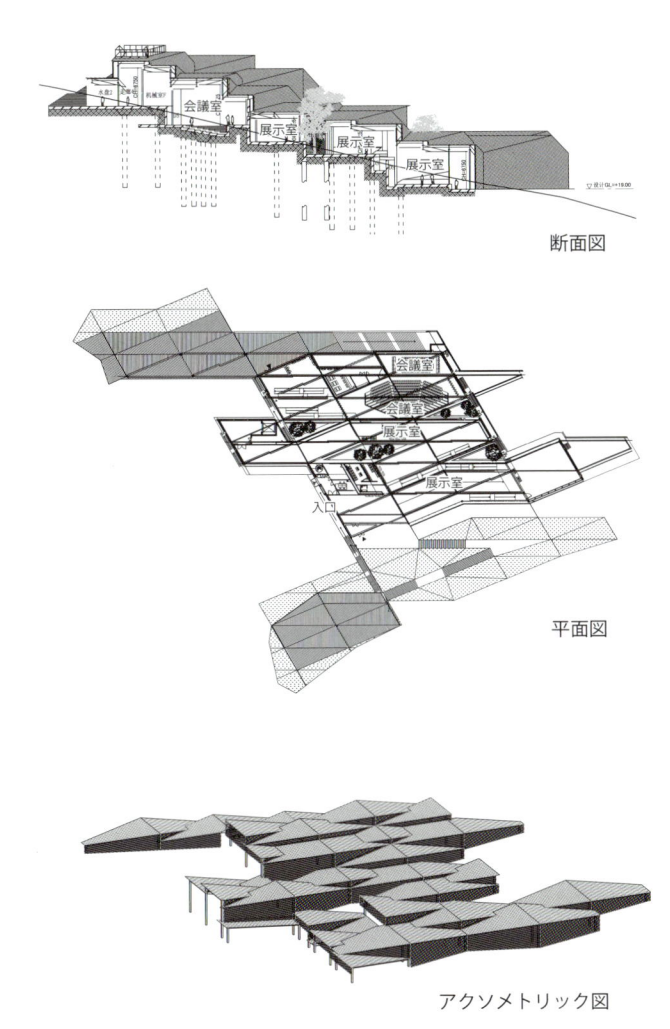

断面図

平面図

アクソメトリック図

ゆるやかな丘の斜面に寄り添う平屋の建物

行四辺形の幾何学を用いて、複雑な地形を分割していきました。平行四辺形を媒介することで、不定形でつかみどころのない自然を、建築というものに近づけようと試みたのです。その意味でこの建物は、自然と建築との中間的な存在だと言ってもいいでしょう。

　複雑な曲面を、多角形で分割する手法のことをポリゴン分割と呼びます。ポリゴンとは多角形のことですが、通常のポリゴン分割は三角形を用います。四角形分割だと、捻じれが生じる恐れがありますが、三角形だと捻じれの恐れがないので、ポリゴン分割というと、通常は三角形分割です。今回用いた平行四辺形は三角形を2つ足した形になっていて、複雑な地形への対応が容易でした。

　平行四辺形というのはおもしろい図形で、通常の長方形と比較すると、対角線が長くとれるのです。同じ面積でも、対角線が長いぶん、空間が不思議なほどに広く感じられました。建物ができて、実際の床面積を聞いて、ほとんどの人が驚きます。それほどに、面積と比較して、建物が大きく感じられるのです。

　アメリカには三角形に興味をもった一群の建築家がいます。フランク・ロイド・ライト、バック

ミンスター・フラー（1895-1963）、ルイス・カーン（1901-1974）達です。彼らは直角の支配する世界を、三角形によって超えようと夢みた人達です。

　しかし、彼らの用いた三角形は正三角形でした。僕が杭州で用いた平行四辺形は、細長い三角形で構成されているので、面積と比較して、一辺の長さが大きいというのが特徴です。一辺の長さが長い三角形は、正三角形にはない空間ののびやかさ、ダイナミズムが生まれ、大きな可能性があると感じました。

古瓦をステンレスワイヤーで固定したスクリーン

瓦の景観

　その平行四辺形をした単位空間ごとに、小さな屋根をかけました。単位空間は、一軒の住宅ぐらいのサイズなので、小さな住宅がたくさん集まってできた村のような景観が生まれました。

　ミュージアムというのは、えてして大きな箱のような外観になってしまい、ハコモノと批判されることも多いのですが、ここでは瓦屋根の小さくて低い屋根が集まった、素朴な村のような景観が生まれました。瓦は、近くの民家に使われていた瓦を再利用しました。色ムラがあり、サイズもバラ

瓦の先端を出し入れし粒子感を強める

平行四辺形の空間単位による、のびやかでダイナミックな内部空間

バラなのが、気に入りました。中国の瓦は、現在でもほとんど手作りの窯で、野焼きの方法で作られます。原っぱの中にアリ塚のような窯があって、よく白い煙があがっています。古い瓦だけがかもしだす、素朴な粗っぽい感じは、工場で作られた日本の瓦では、絶対に手に入れることができない質感です。

外壁は、同じく、古瓦を用いたスクリーンで覆いました。すべての瓦に孔を開け、ステンレスのワイヤーを用いて瓦を固定しました。瓦ひとつひとつが、粒子として空中を漂うような感じを出すために、このディテールを開発しました。粒子の感じを強めるために、瓦の先端を出し入れして、よりパラパラとザラザラとした感じにしました。この瓦のスクリーンによって直射日光を遮り、やわらかく、静かな光で、室内は満たされます。

プログラムは民芸博物館です。中国の村の職人の手によって作られた民芸品が、瓦で濾過されたやさしい光で照らされます。大地のように、ゆるやかにつながる斜めの展示空間の中に、ひっそりとした時間が流れます。

設　計：建築　隈研吾建築都市設計事務所
　　　　構造　小西泰孝建築構造設計
　　　　設備　森村設計
施　工：浙江省一建建築有限公司
敷地面積：12,204m²　建築面積：5,670m²
延床面積：4,936.33m²
階数：地上1階、（一部2階）構造：鉄骨造
工期：2012年1月〜2013年4月

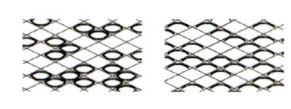

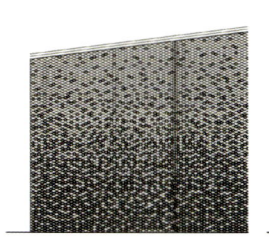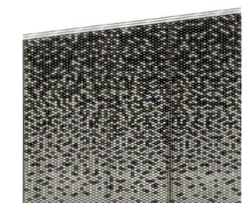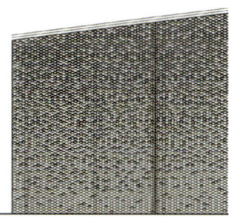

瓦スクリーンの粒子感の比較検討

瓦ひとつひとつが粒子として空間を漂い、空間が柔らかな光で満たされる

斜め

九州芸文館

新幹線の駅（筑後船小屋）と九州芸文館の鳥瞰

新幹線と民家をつなぐ

　九州新幹線、筑後船小屋の駅前に建つミュージアムです。

　新幹線は、既存の市街地をよけて路線決定がされることが多いので、しばしば殺風景で何もない駅前空間が出現します。筑後船小屋も、そのような殺風景な駅前でした。しかも新幹線は、ここでも高架線の形態をとって、高いレベルに駅が浮いているので、大地とは縁の切れた、コンクリートの巨大な駅が、小さな民家が散在するのどかな田園風景の中に暴力的に出現するわけです。新幹線

は、世界をリードし、世界を変えた技術で、世界の構造を大きく変えました。しかし同時に、世界の風景も大きく変わってしまったわけです。

　新幹線の駅を大地に接続させ、民家の風景とつなげることを、このプロジェクトの目的としました。そのために、駅前に計画されたミュージアムは、箱であってはいけないと考えました。コンクリートの大きな箱をもうひとつ駅前に作ってしまったら、駅はいよいよ周りの環境から浮いたものになってしまいます。僕らが、イタリア北部のススという場所に計画している高速鉄道の駅も（写

周辺の民家のスケールに対応したヴォリュームで、建物と大地を繋ぎ止める

真）同じようにハコではなく「斜め」の手法が基本になっています。

　スサは、フランスとイタリアをつなぐ高速鉄道計画の、イタリア側の最初の駅になります。周りはアルプスの谷で、谷の中に、石の屋根をのせた民家が散在する美しい景観です。その景観を接続するために、駅に斜めの屋根を架け、美しい大地と駅とをひとつにつなげようと考えました。

　筑後船小屋の駅前のミュージアムでも、同じように斜めが基本戦略です。まず、ミュージアムのヴォリュームを分割しました。周りの小さな民家のスケールに対する配慮です。そして、それぞれの小さなヴォリュームに対し、民家と同じような斜めの勾配の屋根を架けることによって、駅と大地、駅とコミュニティとをつなぎなおそうと考えたわけです。屋根の向き、勾配をランダムとし、集落のような、雑然とした、ざっくばらんな風景が出現しました。

　屋根の材料も複数の素材を混在させました。石、金属板、太陽光パネルなど複数の材料を用

広場から矢部川岸へつながる階段

斜めの屋根でアルプス景観につながるイタリア高速鉄道の新駅、スサの完成予想図

周辺状況　新幹線と芸文館の配置

い、ディテールも様々なので、それぞれの屋根が
まったく違う表情をしています。

勾配で流れを作る

　斜め勾配に関しては、外側に対して閉じる勾配
と、開く勾配も混在させました。人々を招き入れ
たい場所では、外に向かってめくれあがった、開
く勾配を用いました。駅に向かった正面は、この
大きく開く上向きの勾配によって、駅を降りた
人々の流れを受け止め、自然にミュージアムへと

教室・工房　日常的な生活の流れの中にある『寄り道』できる文化施設

引き込みます。

　分割されたヴォリュームの真ん中には、村の真
ん中のお祭りをする広場のような孔（ヴォイド）
を作りました。閉じた中庭型の広場ではなく、路
地（ストリート）の幅が一部広がったような、通
り抜け型の広場です。駅からの人の流れが、この
広場に吸い込まれ、そこを抜けて、ミュージアム
の南側の筑後川の土手へつながります。新幹線か
ら地域へ、さらに自然へと、人が自然に流れてい
くように、様々な斜めを組み合わせて、人の流れ
をたよりにをデザインしたのです。

　その大きな流れの一部にミュージアムという
「寄り道」があるというイメージです。アートが
日常的な流れに組み込まれ、その一部になること
が、21世紀の文化施設にふさわしいと考えまし
た。大きなハコの中にアートを閉じ込める20世
紀型の文化施設ではなく、流れの中に、生活の中
に、アートが融けているような、ゆるい状態を作
りたかったのです。

常設展示（矢部川紹介コーナー）と中庭

駅から地域へ通り抜けられる開かれた孔としての広場

アネックス1

教室工房1

事務室

教室工房2

エントランス
ギャラリー

エントランス
広場

多目的広場

大交流室

矢部川
紹介コーナー

カフェ
テリア

教室工房
5

教室工房
4

教室工房
3

アネックス2

1階平面図

丘の上の自由な粒子

　芸文館の本館に隣接する小高い丘の上には、陶芸のワークショップ機能を持った、小さなアネックスをデザインしました。アネックスの基本的手法は粒子です。長辺 2.5m、重さ 20kg の三角形をした地元産の杉の集成材パネルを基本粒子として、その組み合わせだけで、全体が構成されています。切り込みを入れたパネルを素人が組み合わせて、建築を造り上げることもできます。

　プロの工務店に頼らなくても、市民の手で建築

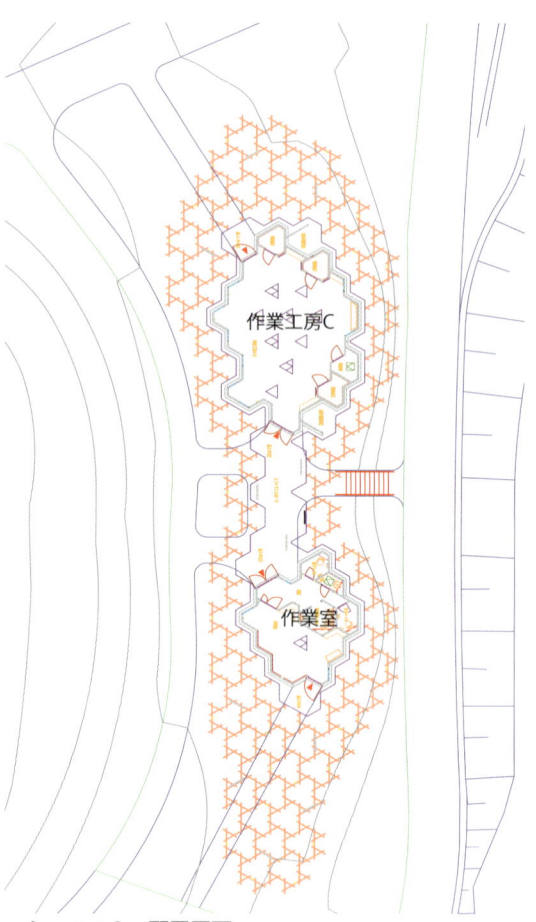

アネックス 2　配置平面

地元産杉集成剤を「基本粒子」とした空間構成

アネックスから本館を見る。

を足したり引いたりできます。本体に付属するパーゴラも、この粒子だけで構成されていて、室内と室外の境界が曖昧になり、周囲の筑後川の土手に開かれた、ざっくばらんな明るい感じの建築になりました。小さな粒子が集合した、クラウド状の建築は、ワークショップやアトリエのような機能にぴったりです。

建蔽率　：33.78%
容積率　：32.19%
階数　　：地上 2 階（本館）、地上 1 階（アネックス 2）
最高高さ：18,739mm ／軒高：18,409mm
地域地区：都市計画区域

所在地　：福岡県筑後市大字津島 1131
設計　　：2008 年 9 月〜 2011 年 3 月
工事　　：2011 年 3 月〜 2012 年 10 月
主要用途：研修施設、カフェ（本館）、展示施設（アネックス 2）
構造　　：鉄筋コンクリート造
一部構造：鉄骨造（本館）、木造（アネックス 2）
杭・基礎：直接基礎
敷地面積：12,914.74m^2
建築面積：3,744.84m^2（本館）、184,30m^2（アネックス 2）
延床面積：3,657.04m^2（本館）、165,51m^2（アネックス 2）

室内と室外の境界が曖昧な開かれた建築

天上詳細

FRAC　マルセイユ

芸術の地方分権

フランスは、かつては文化においても、大変な中央集権国家でした。20世紀後半から、地方分権の動きが活発になり、1982年、FRAC（Fonds régional d'art contemporari 現代アート地域財団）という財団が政府によって設立されました。ルーブル美術館や、ポンピドーセンターのあるパリに偏った、フランスの一極中心の文化構造を、多極的で多様なものに転換していこうという野心的な試みで、その後に世界中で起こる、地方の芸術活性化運動の先鞭となりました。

FRACは現在、23の拠点を持っています。それぞれの拠点で別々の目標が掲げられ、ただ地方文化にお金を出すのではなく、それぞれの地方の

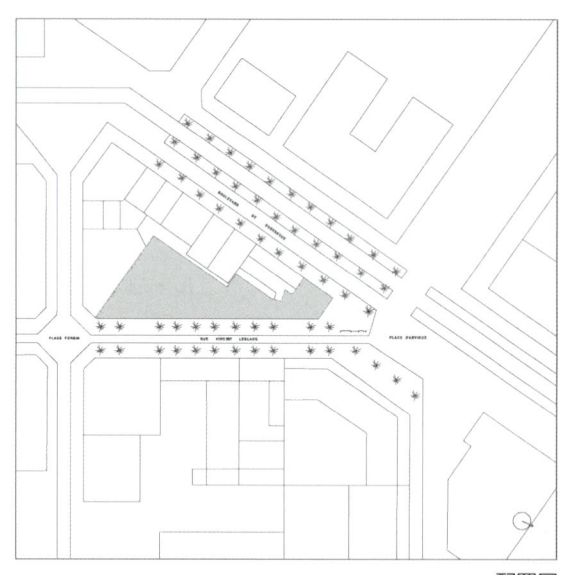

配置図

エナメルガラスの粒子が周辺環境とつながる

個性を伸ばすという方法をとっています。どの地方にも同じような美術館ができる日本とは、対称的な方法です。マルセイユのFRACは、地中海に面したコートダジュール地域の拠店施設として位置づけられ、現代アートを志す若いアーティストの育成が目標として掲げられています。

そのためにアーティストが生活するためのアパート、制作スペース、展示スペースが複合した、従来のミュージアムの概念を打ち破るやわらかで開かれたミュージアムが求められました。

やわらかで開かれたミュージアム

普通のミュージアムにはしてほしくない、見せるミュージアムではなく、作る雰囲気の感じられる、現在進行形のスタジオ型ミュージアムにしてほしい、と繰り返し要望されました。

僕らが真っ先に意識したのは、ル・コルビュジエが同じマルセイユに設計した集合住宅ユニテ・ダビタシオン（1952）です。ユニテ・ダビタシオンでコルビュジエがめざしたのは、ストリート（路地）を立体化することでした。ストリートは、単なる交通のための場所ではなく、地域の人々のコミュニケーションのためのスペースであり、時

として、飲み・食べるための場所であり、最もクリエイティブな都市空間です。

立体的な三次元のストリートを作ることによって、都市の活力を立体化することをコルビュジエはマルセイユで試みました。僕らはこのアイデアを、さらに拡張し、制作スペース、展示スペース、居住スペース、屋上庭園を取り込んだ、スパイラル状の立体路地を実現しました。

ヴォリュームに切り込まれたテラス空間

街のヒューマンスケールの延長としての外観

路地の立体化

　コルビュジエのマルセイユのユニテの立体路地
は、実は成功とはいえませんでした。空中の路地
が大地と切れてしまっていて、少しも楽しくない
のです。

　コルビュジエの作品の中では、サヴォア邸の中
心を貫くスロープの方がうまくいっています。コ
ルビュジエは「斜め」の要素が、建築空間を立体
化する時に効果があることを知っていていまし
た。サヴォア邸（1931）のスロープでは、斜め
をうまく使い、さらに斜めにスパイラルの効果を
加えて、大地と空をつなぎました。

　僕らのFRACも、単に斜めにするだけではな
く、斜めをスパイラル状につなげていって、大地
と空をつなごうと試みました。ユニテ・ダビタシ
オンの敷地はマルセイユの郊外で、周りには活気
のある路地がありません。幸い、我々の敷地は、
マルセイユの海岸に近いごちゃごちゃとした地域
で、路地の賑わいが近くにありました。斜めとス
パイラルを使って、地中海の都市の活力をそのま
ま建築の中に持ち込むことができたのです。

粒子のファサード

　さらに建物全体をやわらかく、周辺環境とつな
ごうと考えて、乳白色のエナメルガラスを用い
て、建物全体を覆っています。エナメルガラスで
作られた粒子を、様々な角度で外壁に取り付ける
ことで、地中海の強い光をろ過し拡散させ、外壁
という存在自体を消してしまい、建物全体をクラ
ウド状のやわらかなものへと転換しました。この
曖昧な外壁の内側を、立体的路地がスパイラル状
に上昇しているのです。

　マルセイユの街のガラス工房を訪ねた時に、こ
の材料を使おうと思いつきました。プロジェクト
がはじまる時、僕はその街の職人と出会うために、
街の工房を歩き廻ります。その時のガラスの色と
質感がマルセイユの空気感にぴったりだと思っ
て、この粒子のファサードがはじまったのです。

　ユニテ・ダビタシオンの重たく固いコンクリー
トの外壁とは対照的な外壁を作ることで、街と区
画されたハコに替わる、街の延長としての建築を
造りたかったのです。

　フランスでは、従来のハコとしての美術館を打
破する必要性が、20世紀半ば以降、しばしば議

大地と空をつなぐスパイラル状の路地はエキスパントメタルのインダストリアルな内装

論されてきました。文化大臣を務め、フランスの文化行政の象徴的存在でもあった、アンドレ・マルロー（1901〜1976）が「東西美術論」（1947）の中で提唱した「壁のない美術館」という概念は、その中でも代表的なものです。

　コルビュジエがジュネーブに計画したムンダネウム（1929）は、スパイラル状の平面形状の不思議な計画で、無限成長美術館のプロトタイプと呼ばれ、マルローはこの計画に影響を受けたとも言われます。コルビュジエが上野に設計した西洋美術館（1959）は、「無限成長美術館」の考えを具体化しようとしたものだと言われていますが、残念ながら、スパイラルのアイデアは一部に生かされているだけで、全体としてはハコっぽく、壁っぽい美術館になってしまいました。フランスのネットで「壁のない美術館」を検索すると、僕らの FRAC マルセイユがしばしば登場します。

路地が作る街の延長としての美術館

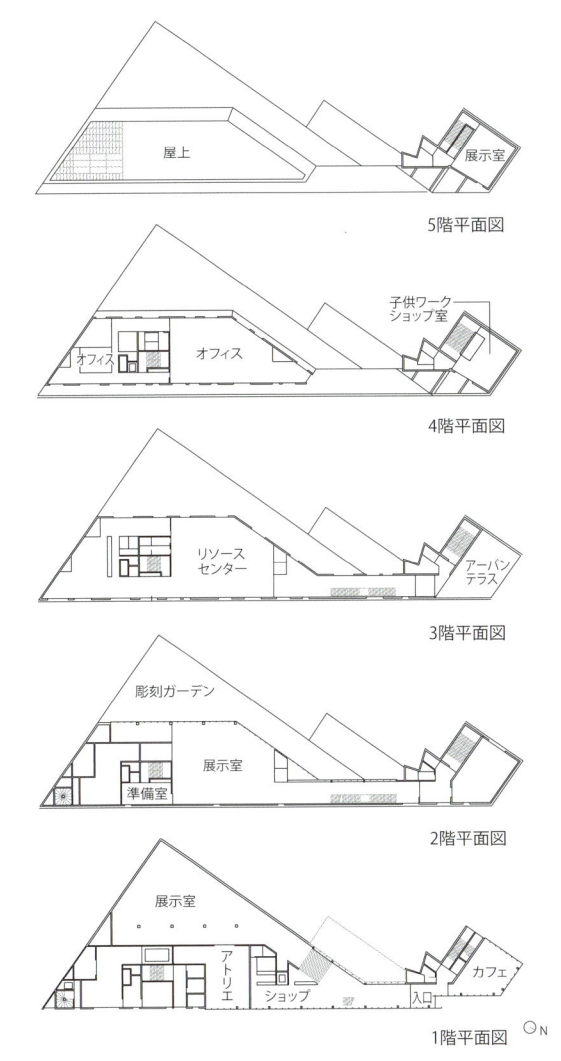

5階平面図

4階平面図

3階平面図

2階平面図

1階平面図　○N

所在地　：20 boulevard de Dunker que 13002
　　　　　Marseille France

設計期間：2007 年 4 月〜 2011 年 2 月

工事期間：2011 年 8 月〜 2013 年 4 月

主要用途：美術館、会議室、住居、オフィス、カフェ

構造　　：鉄筋コンクリート造（一部鉄骨造）

杭・基礎：場所打コンクリート杭

敷地面積：1,780m²　　　建築面積：1,570m²

延床面積：5,757m²　　　建蔽率　：88.20%

容積率　：323.42%

階数　　：地下 1 階地上 5 階

最高高さ：31,550mm ／軒高 27,500mm

斜め

ダリウス・ミヨー音楽院

配置図

旧市街のエッジに壁をたてる

　エクサンプロヴァンスは、南仏プロバンス地方の中心都市で、印象派の巨匠セザンヌの街としても知られ、世界中から観光客が訪れます。

　街から北に行くと、セザンヌが生涯描き続けた、サン・ヴィクトワール山があり、その石灰岩で作った折り紙のような山肌は、セザンヌの絵画の硬質なテクスチャーと響き合うものがあります。この山を見ていて、陰影のある硬質なファサードが南仏の強い光に映え、この風土にマッチするだろうと考えはじめました。

　エクサンプロヴァンスの市街地は、とても魅力的です。教会の旧市街もまた、とても魅力的です。教会と広場を中心として、ヒューマンスケールの路地ネットワークが拡る、典型的な地中海の

街です。当然ながら、この旧市街は建てこんでいて、その中には、新しい文化施設を建てる場所はありません。旧市街の南端に、複数の文化施設を建て、町の新しい文化の中心を作ろうというプロ

壁のようにして旧市街を守る文化施設群

ジェクトが 1990 年代からスタートしました。
旧市街のエッジに、旧市街と補完しあう中規模の
文化施設群を作るというのは、ヨーロッパの歴史
ある町で、しばしば行われる手法です。

かつての旧市街は城壁で囲われ、現在の旧市街
は、文化施設群で囲われるというわけです。ダリ
ウス・ミヨー（1892〜1974）は、エクサンプ
ロヴァンス出身の音楽家で、ジャズをとりいれ
た、硬質で乾いた音質で知られる、20 世紀フラ
ンス音楽の巨匠です。乾いた質感は、再びサン・
ヴィクトワール山を思い出させました。

僕らはまず、建築をひとつの城としてデザイン
しようと考えました。エクサンプロヴァンスの美
しく濃密な旧市街を守るための、壁のような建築
をイメージしたのです。その壁に面を折るという
操作——典型は折り紙です——を加えて、陰影を
与えようと試みました。

折るという操作は、小さな斜めの面の集合を
次々と生成している行為なので、斜めの手法のひ
とつにまとめることができます。

ハコモノを超える

壁という薄いものの建築を造ることに、昔から
関心がありました。ハコとしての建築を乗り越え
たいという思いがあったからです。

20 世紀の建築は、基本的にハコでした。周囲
の環境から切断された、物質の塊が、ハコと呼ば
れます。ハコは周りから切断されているので、単
体として認識されやすく、当然売り買いしやすい
のです。

20 世紀にハコ型建築が流行したのは、この世
紀に建築が売り買いの対象となり、建築が「場所
の一部」から、「大きな商品」へと転身をとげた
からです。

しかしいま、ハコモノは嫌われています。商品
としての建築は、環境を破壊するだけでなく、ハ
コを所有できる人と、できない人の間の、大きな
経済的格差を生む元凶であることに、人々が気づ
きはじめたからです。ハコモノという蔑称は、こ
のハコ嫌いの感情から生まれた言葉です。

このハコモノを超えるためには、建築を壁とし
てデザインする方法と、建築を屋根としてデザイ
ンする方法の、2 つの可能性があると僕は考えて

アルミの板で作られた長いヒダ状壁の外観

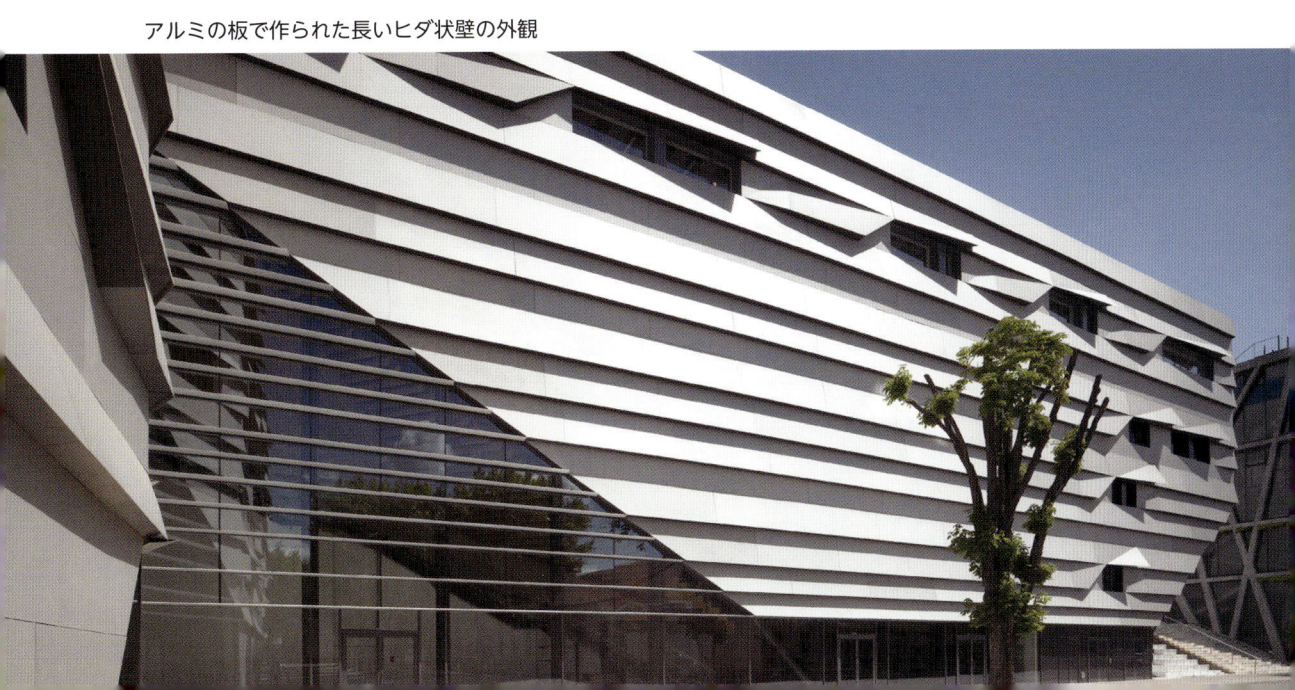

います。

　壁としての建築にめざめたのは、広重美術館（2000）です。街と里山との間に長い（140m）壁のような建築を造り、その建築の真ん中に孔をあけることによって、街と里山とをしっかりとつなぎ直そうと考えたわけです。ハコと孔の組み合わせでした。

　その次にデザインした壁建築は、中国のGreat Bamboo Wall（竹の家：2002）です。万里の長城の脇に、壁のような長い建築を造りました。もちろんヒントにしたのは、万里の長城という、とてつもない長い壁です。

　場所という大きな広がりに向き合うと、ハコがいかに無力であるのかがわかります。長い壁を築き、そこにところどこと孔をあけるというのが、Great Bamboo Wall で採用した手法です。

　建築をハコから壁に変えたいという考えのベースにあるのは、建築を場所と切断された商品から、場所に付属する存在、場所と一体の存在へ戻したいという思いです。エクサンプロヴァンスでは、L字型の長い壁として建築をデザインしました。

　その長い壁は、アルミの板で作られています。隣接する文化施設には、エクサンプロヴァンスの旧市街を構成するライムストーンや、コンクリートが多くが用いられていますが、僕らはアルミの板を用いました。セザンヌのサン・ヴィクトワール山の絵に通じる、近代的で硬質な透明感を達成するには、アルミしかないと思ったのです。

折るという操作

　次はこのアルミの長い壁面に、どう開口部を開けるかです。通常開口部は、パンチ（穿孔）という操作で作られます。パンチでできた小さな窓は、ポツとも呼ばれます。パンチという操作は、ヨーロッパの組積造でできた厚い壁に窓を開けるための基本的な操作ですが、壁の厚さを感じさせてしまうので、建物に閉鎖的印象を与えかねません。

　僕らはパンチではなく、折る操作によって、壁に開口部をあけていきました。アルミで作られた壁の薄さ、硬質な緊張感をそこなわずに、機能上

道路とつながったホワイエ

北側コーナーのヒダ状の階段

必要な、開口部をあけようと考えたからです。壁を細かく折ることで、陰影が生まれ、南仏の光がアルミの板に落ちる陰影はサン・ヴィクトワール山に通じます。壁を折るという操作によって、斜めの面の集合体に変換され、環境となじんでいくのです。

　折るという操作は、窓をあけるためではなく、メインのエントランスにも応用しました。パンチして作られたエントランスは、スタティックな孔になりがちです。折ることで作られたエントランスは、斜めの動きが生まれ、ダイナミックに人を引き込むような入り口を作ることができます。

　メインエントランスだけではなく、建物の端部でも、直角のコーナーに斜めにカットをほどこしました。一般的には、「隅切り」と呼ばれる操作です。安土桃山から江戸時代前期にかけて活躍した、造園家で建築家でもあった小堀遠州（1579-1647）は、この隅切りの手法の達人でした。

　折るという操作は、室内のコンサートホールでも繰り返しました。この操作を繰り返すことで、シンメトリーを崩した、動的なコンサートホール

を作ることができました。静的なクラシック音楽を、ジャズから多くのヒントをもらって、壊していったダリウス・ミヨーの音楽を意識した斜めのデザインです。ダリウス・ミヨーもジャズも、斜めの音楽家であったと僕は考えています。

所在地　：4,rue Lapierre, BP 60170,13606 Aix en Provence Cedex 1, FRANCE
設計　　：2010.03 ～ 2011.01
工事　　：2011.06 ～ 2013.09
所要用途：音楽学校　コンサートホール
構造　　：主体構造　鉄筋コンクリート造　一部鉄骨造
敷地面積：3,366㎡
建設面積：1,796㎡
延床面積：7,395㎡
建蔽率　：53%
容積率　：219%
階数　　：地下1階、地上6階
最高高さ：23,000mm
地域地区：エクスプロバンス文化地域

客席から見たオーディトリウムは、斜めの壁によって音響のフラッターを抑えた

オーディトリウムから見た斜めを多用したアシンメトリーな客席

斜め

TOYAMA キラリ

再開発事業と退屈なビル

　富山市の中心部に建つ再開発ビルです。再開発事業というのは、大抵おもしろい建築にはなりません。なぜでしょうか。その土地に小さなビルを持っていたり、家を持っていたりする人々（権利者と呼びます）が再開発組合という組織を作って、国から補助金をもらって、ひとつの大きなビルを造るというのが再開発事業、できあがるものが再開発ビルです。

　それぞれの権利者は、新しくできるビルの中で、少しでも大きくて、よい条件のスペースを持ちたいと願いますから、その調整だけで恐ろしく大変なことになります。不公平が生じると問題になるので、すべてのスペース、フロアが可能な限り同一条件になるように調整すると、あたりさわりのない普通のビルにしかなりません。すなわち「大きめの雑居ビル」にならざるを得ません。

　外観も、権利者がみな満足するものにしようと、これといって特徴のない退屈なものになりがちです。再開発ビルというのは、そのような宿命を持っているのです。

　大きな建築ほど退屈になるのが20世紀の宿命で、再開発ビルはその典型でした。特に、日本の都市の場合、ほとんどが小さな土地に分割されているわけですから、その土地をひとつにまとめようとすると、必然的に再開発事業という補助金制度に頼らざるを得ず、必然的に退屈な再開発ビルが再生産される。それが、日本の都市を退屈にしてきたといっても過言ではありません。

コンパクトシティー富山

　この富山キラリのプロジェクトも、実は再開発の手法によってできた建築です。しかし、ラッキーだったのは、権利者の数が少なく、しかも、富山市という元気のいい自治体が、権利者の一人として参加しました。

　富山市の強いイニシアティブでこの新しいビルのなかに、他にはないようなユニークな市立ガラ

富山キラリの立山連峰の岩肌をヒントにした外観

ス美術館と、市立図書館が生まれました。

　自治体がその気になれば再開発事業という枠の中でも、こんなユニークな試みが実践できるのです。

　幸いなことに、富山市はコンパクトシティの日本のリーダー、いや世界のリーダーといわれるほどに勢いがあり、中心部は多くの地方都市が「中心部の空洞化」や「シャッター通り問題」に悩んでいるのとは対照的に、かつての活気を取り戻しつつあります。

　全国に先駆けた LRT（路面電車）の導入をはじめとする政策が、功を奏しはじめたからです。花束をもって LRT に乗って来た人は、特別割引料金で乗れます。車内が花でやわらぎます。他の自治体ではありえないこんなユニークな政策もたくさんあります。

　その結果、富山市はコンパクトシティ（コンパクトな活力ある中心地域を持つ、環境に優しい都市）の日本の代表例と言われるようになり、世界からも注目を集める街になりました。

木に包まれた斜めの吹抜け空間

　この蘇りつつある中心市街地の活気を建築の中

コンパクトシティ富山を象徴するユニークな外装の LRT

南側壁面の緑化パネルと太陽光パネルがストリートにやわらかな表情を与える

配置図

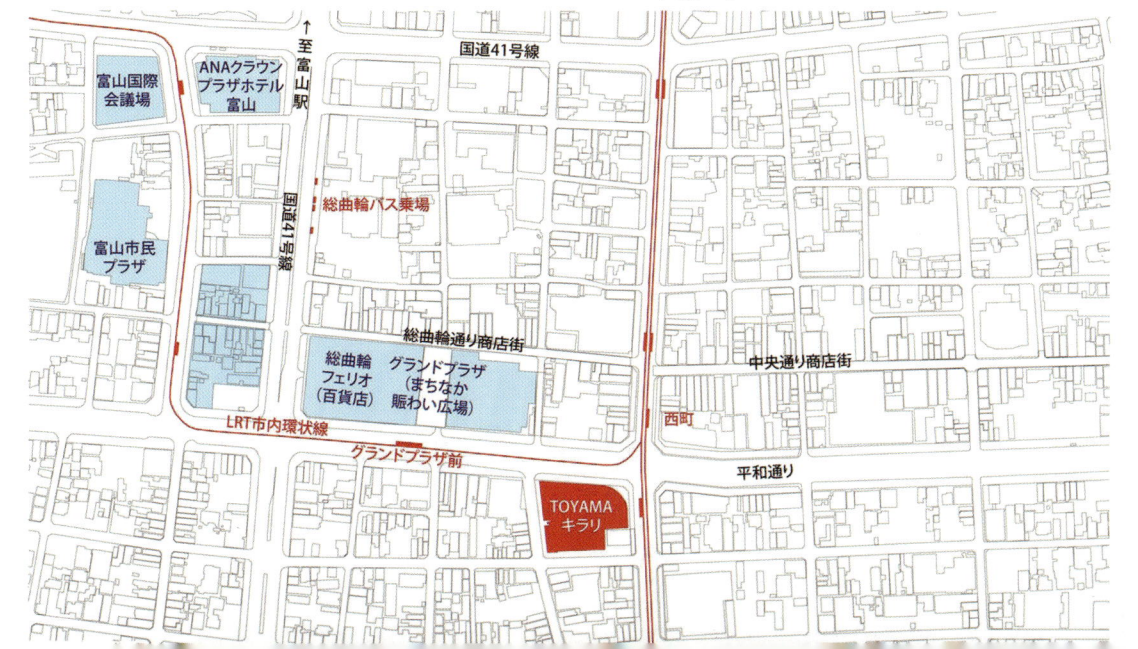

にまで拡張し、ストリートの延長のような建築を造りたいと、僕らは考えました。そのためにまず、建物を斜めに貫通する斜めの吹抜け空間を作りました。

中心の吹抜け（ヴォイドとかアトリウムと呼ばれます）で、建物をひとつにつなげる建築の例はいろいろありますが、そのヴォイドを斜めにすることによって、建物の中に渦巻き状に上昇する坂のような斜面を作り出し、スムーズに大地の街のにぎわいと上階をつなげようと考えたのです。

アトリウムと呼ばれる、大きな吹抜け空間は、20世紀のアメリカの大ショッピングセンターで発達しました。大きくなりすぎたショッピングセンターの真ん中は、自然を感じることのできない、息詰まる空間になりがちだからです。そこで真ん中に吹抜けを作り、上にガラス張りのトップライトを作って光をいれるというのは、アメリカ型のアトリウムの基本的な作法です。

しかし、アメリカのショッピングセンターのアトリウムは、どうも大味で人工的すぎて、僕は好きになれません。富山キラリでは、まず吹抜けを斜めにし、さらに木漏れ日のような状態の光――これを「粒子的な光」と僕は呼んでいます――を

作ることで、本当の森の中にいる時のような、癒される感じを作りたいと考えたわけです。

この斜めのヴォイドは、世界にもあまり例がありません。斜めにすることによって、各階のヴォイドの位置がズレてしまうので、シャッターによる防火区画ができなくなるという、技術的な理由

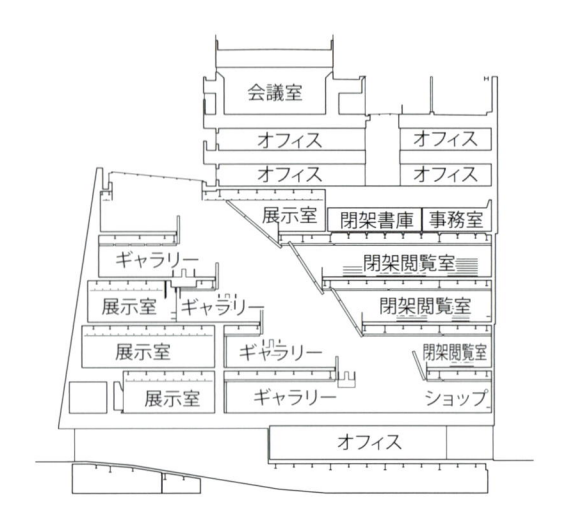

断面図
南から光を取り入れる斜めの吹抜けが特徴的な断面計画

富山の産業と自然を象徴するガラス、アルミ、石で構成した粒子状のファサード

吹抜けの位置が徐々にずれていく「斜め」の空間 *

が原因です。富山キラリでは、避難安全検証法という安全チェックシステムのための新しい法制度（2000年から日本で始まった制度で、従来の建築基準法のルールを超えた、柔軟なデザインが可能となりました）を導入することによって、斜めの吹抜けを作ることが可能になりました。この斜めの吹抜けは、南の方向に傾けてあるので、太陽の光が、より有効に地上まで届くように計算されています。雪国ならではの、冬でも光をたくさん取り入れる工夫です。

この森の様な吹抜けのまわりに複数の機能がスパイラル状に集合します。20世紀の文化施設は、すべて縦割りの箱でした。図書館、美術館、音楽ホール、学校などはすべて閉じたハコとしてデザインされ、つながることはありませんでした。

しかし、富山キラリでは、斜めの吹抜けのまわりに渦巻き状の連続した空間の中に、図書館もガラス美術館も、カフェも、壁やガラスで区画されることなく配置されていています。

このつながった全体が、ひとつの学びのスペースでもあるし、お年寄りも、ここでいくらでものんびりしていられるという意味では、全体がもともと路地や福祉施設と言ってもよいと、僕は考えています。ストリートとは、そのようなすべての機能を包含できる、おおらかな空間だったのです。

ストリートの複合性・寛容さをよみがえらせることがこれからの公共建築の課題です。

斜めの吹抜けのまわりに美術館も図書館も複合する *

富山県産の杉板で吹抜けを森に変える

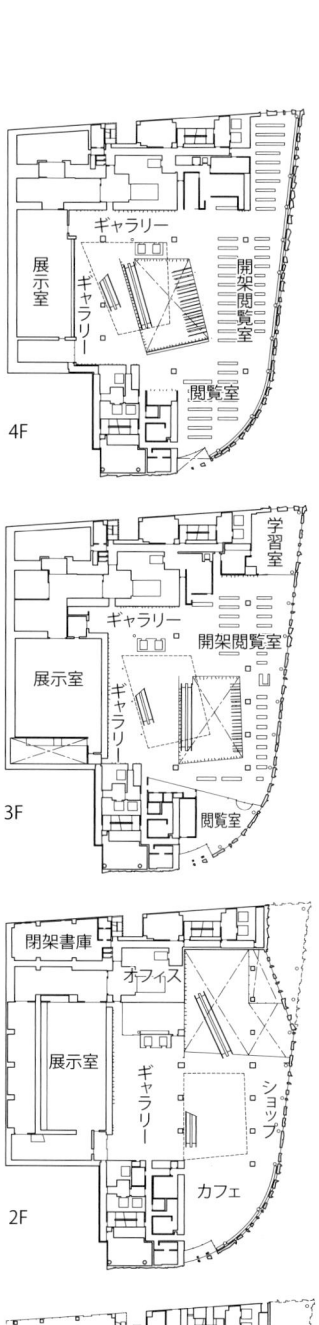

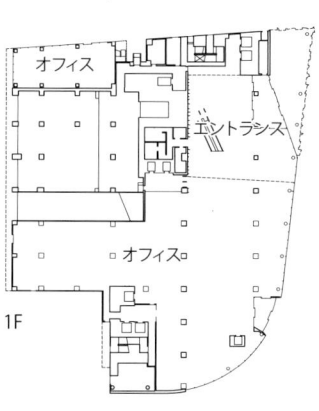

4F

ギャラリー
展示室
ギャラリー
開架閲覧室
閲覧室

6F

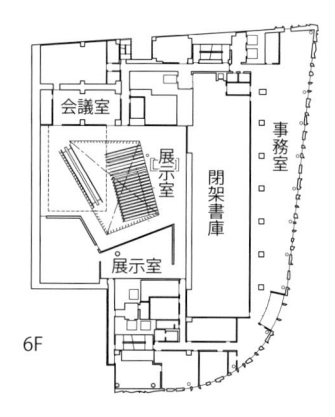

会議室
展示室
閉架書庫
事務室
展示室

3F

学習室
ギャラリー
展示室
開架閲覧室
ギャラリー
閲覧室

5F

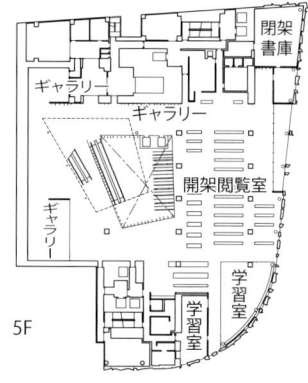

閉架書庫
ギャラリー
ギャラリー
開架閲覧室
ギャラリー
学習室
学習室

2F

閉架書庫
オフィス
展示室
ギャラリー
ショップ
カフェ

1F

オフィス
エントランス
オフィス

平面図 S1:700

所在地　：富山県富山市西町 5 番 1 号、
　　　　　太田口通り 1-2-7
設計　　：2010.10 ～ 2013.05
工事　　：2013.06 ～ 2015.04
所要用途：図書館、美術館、銀行本店、駐車場、
　　　　　外向店舗
構造　　：鉄骨造（付加制震構造）
杭・基礎：場所打コンクリート杭
敷地面積：4414.67m²
建設面積：3422.97m²
延床面積：26792.82m²
建蔽率　：82.59%
容積率　：597.81%
階数　　：地下 1 階、地上 10 階
最高高さ：57,210mm
地域地区：商業地域、防火地域、高度利用地区

斜め

スイス連邦工科大学（EPFL）ローザンヌ校　アート・ラボ

家のようなキャンパス

　21世紀の大学の大学キャンパスは、無機質な箱の集合体ではなく、「家」のような、使う人の心をなごませ、周囲の環境にもなじむものでなければいけないと考えました。

　EPFLは、単に世界の大学ランキングの上位にランクされるだけではなく、従来の「かたい」エンジニアリングを超えたソフトな分野、例えばバイオや脳研究で、世界をリードしています。

　また、近くで毎年開かれるジャズの世界の祭典モントルー・ジャズ・フェスティバルをサポートし、行われたすべての演奏をアーカイブとして提供するモントルー・ジャズ・カフェの、世界の展開でも知られています。アカデミアとビジネスを

全長270mの一つの屋根の下に複数の機能を統合する

つなぐ幅広い文化活動で世界の大学の先頭をきっています。

　そのEPFLの広範な文化活動の新しい拠点が、このunder one roof（一つ屋根の下）というニックネームを持つこのアート・ラボです。

　具体的には、僕らは「ひとつの大きな屋根」で、複数の機能を統合しようと考えました。まさに、日本人がしばしば用いる「ひとつ屋根の下に」という名の通りに、多様なメンバーが同居するゆるい「家」を造ろうとしたのです。「家」の包容力、やさしさによって、四角いコンクリートの箱が並ぶ大学のキャンパスという従来のイメージを、壊そうと考えたのです。

斜めの多様性

　その際に注意したことは、屋根の勾配と、屋根の下の孔のあけ方です。切妻、寄棟などのスタティックな屋根形状を採用すると、建物の中に入れ込まれるプログラムと、周囲の環境との関係もスタティックになってしまい、EPFLという新しいタイプの大学らしい、自由で開かれた雰囲気が失われてしまいます。

　屋根の勾配を場所ごとで変え、さらにめくれあ

木と鉄のハイブリッド構造の立面

地元の民家の石葺きの屋根にヒントを得た印象的な屋根

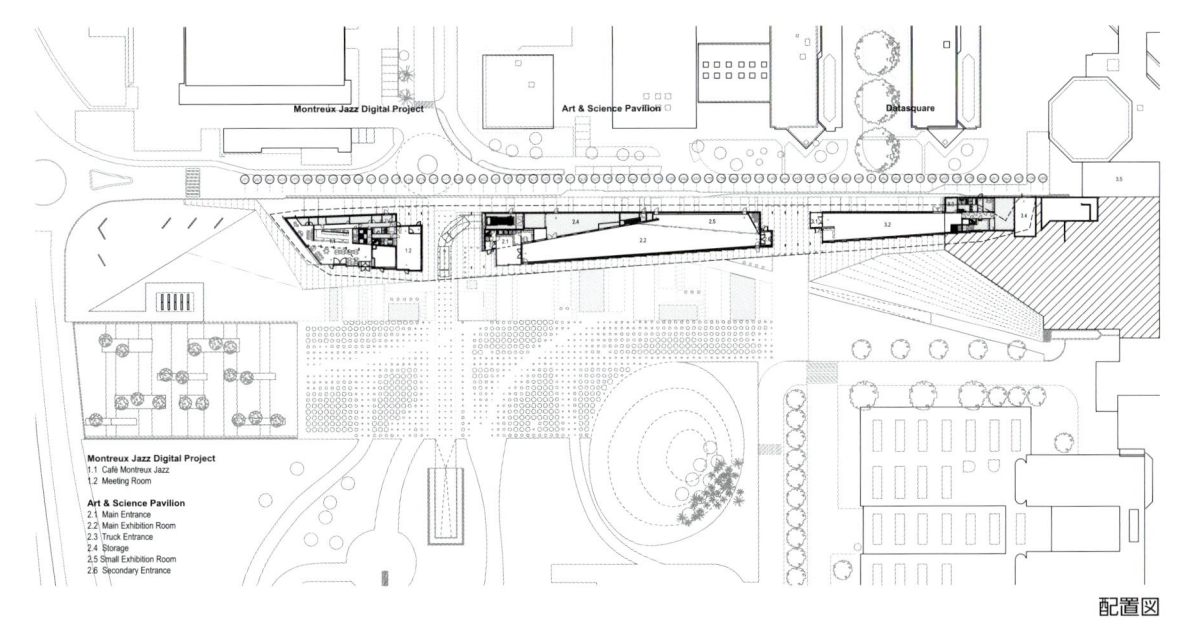

Montreux Jazz Digital Project
1.1 Café Montreux Jazz
1.2 Meeting Room

Art & Science Pavilion
2.1 Main Entrance
2.2 Main Exhibition Room
2.3 Truck Entrance
2.4 Storage
2.5 Small Exhibition Room
2.6 Secondary Entrance

配置図

屋根にさまざまな角度とジェスチャーを与えることで周辺との関係を規定する

屋根でつながる建物

げたり、地面に葺き降ろしたりといったジェスチャーを加えることで、屋根に動きが生まれ、建物と周囲の環境との間で、様々な種類の対話（カンバセーション）が生まれることになりました。屋根の勾配、屋根の素材、軒の高さが、建築と周囲との多様な関係を規定することになるのです。「斜め」にもいろいろな種類があり、その斜めの具合を様々に操作することで、建築と周囲との関係を操作したというわけなのです。

もうひとつ注意したのは、屋根の下に2つの大きな孔をあけて、建物をゲートとして機能させたことです。この one roof の全長は 270m あり、下手をすると、この長い壁は、キャンパス内の人の流れを切断してしまいます。大きな2つの孔をあけることで、建物は巨大な鳥居のような存在として機能し、キャンパスの中の人の流れを活性化する役割を果すわけです。孔のスペースは、雨に濡れない、学生のコミュニケーションスペースと

屋根の大きな下の孔がキャンパスの中の人の流れを活性化する

孔の空間

しても機能します。その意味で、この建築は「斜め」の手法と「孔」の手法をミックスした建築と呼んでもいいでしょう。

ヒューマンなハイブリッド構造

もうひとつのチャレンジは、新しい複合的な木構造の提案です。木を構造に使うことで、木の暖かい質感を建築に導入することができます。しかし一方、木構造だと鉄骨構造と比べてどうしても柱が太くなってしまって、空間の透明性、開放感が損なわれる恐れがあります。そこで僕らは、孔をあけた鉄のプレートで、集成材の柱・梁をサンドウィッチし、柱・梁のサイズを小さくすることにチャレンジしたのです。その一種の複合的構造システムの採用によって、木造とも鉄骨造とも異なる、新しい構造フレームの表現を獲得することが可能となりました。

通常、公共的な建築では、大きなスパン、大き

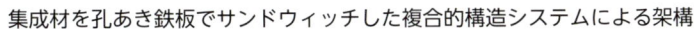

集成材を孔あき鉄板でサンドウィッチした複合的構造システムによる架構

ハイブリッド構造の天井
柱の見付寸法を小さく揃え、空間に親密さとやさしさを与える

な空間を求める結果、構造体も太く、大きくなりがちです。無骨な構造体は空間を大味にしてしまい、家のようなヒューマンな感覚はどうしても失われてしまいます。家的なヒューマンな感覚を公共空間にも取り戻すための工夫のひとつが、木と鉄のハイブリッド構造です。EPFLではすべての柱の見付寸法（正面から見た時の幅）を12cmとしました。

　日本では、最も多く流通する木材の寸法は10.5cm×10.5cmで、木造の柱の見付寸法は10cm程度で、その細さ、繊細さが、空間に親密さ、やさしさ、透明観を与えています。その10cm前後という寸法を、大学のキャンパスという大スパンの公共の空間でも、なんとか守りたいと考えた僕らは、木の柱を鉄の板でサンドウィッチするという方法を選びました。

　2枚の鉄板と真ん中の木の合計寸法を12cmにフィックスしスパンが大きくて、強度が必要な場合には鉄板を厚くし、必要ない場合は薄くし、逆に木の部分を増やすという方法を採用しました。ハイブリッド構造によって構造材のヒューマンなサイズを守るという手法は、新国立競技場の屋根の構造体でも採用している方法です。

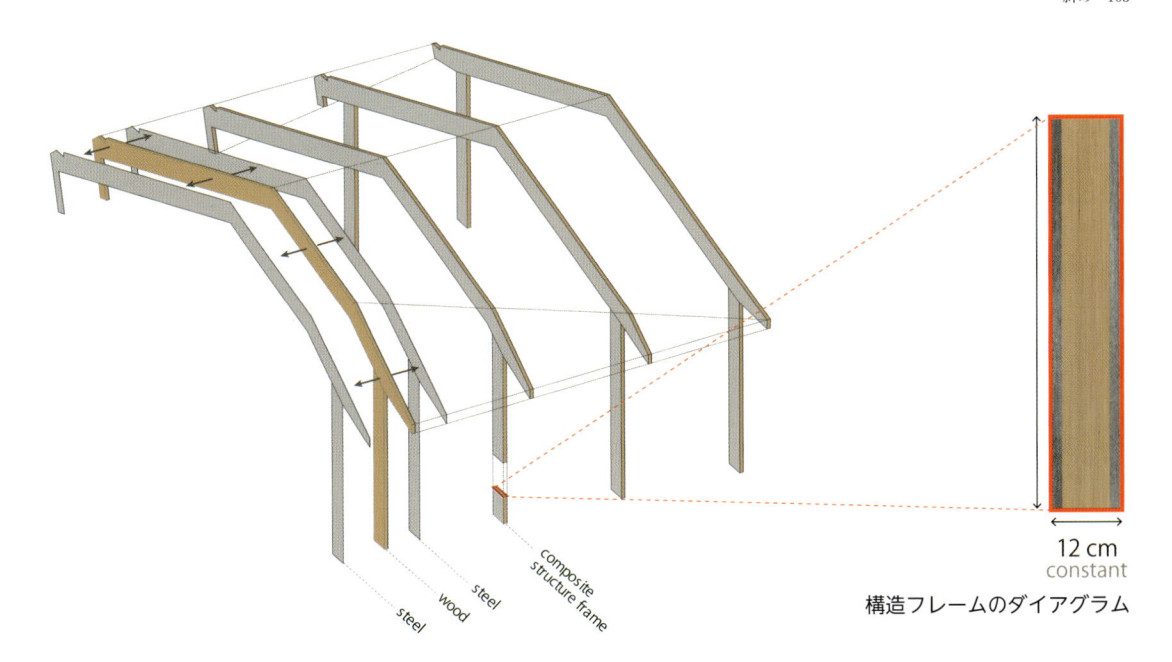

12 cm
constant

構造フレームのダイアグラム

設計　：建築　隈研吾建築都市設計事務所、CCHE
　　　　構造　江尻建築構造設計事務所
　　　　設備　BuroHappold Engineering
施工　：Marti Construction SA
敷地面積：13,500m²
建築面積：2,300m²
延床面積：3,500m²
階数　：地上2階
構造　：木造／鉄骨造
工期　：2012年5月～2016年11月

木と鉄のハイブリッド構造により、公共建築に家のようなヒューマンな感覚を与える

斜め

ポートランド日本庭園

コンパクトシティのリーダー、ポートランド

　アメリカの西海岸、オレゴン州のポートランドは、コンパクトシティの先端モデルと呼ばれている都市です。ロサンゼルスのような、拡大しきってしまった都市は、車に依存せざるをえず、一人当たりのエネルギー消費量、CO_2 排出量を減らすことは難しい状況です。

　ポートランドは、その逆のコンパクトでサステイナブル（持続可能）な街づくりを目指し、世界の注目を浴びています。

　トラム（LRT とも呼ばれます）やバスなどの公共交通機関を充実させ、街区（すなわち道路と道路とで囲まれたブロック）の標準寸法がもともと40m 程度と小さく、それが歩いて楽しいことの

原因のひとつとなっています。ちなみにニューヨークの街区の標準的寸法は 80m 前後、人間が頭だけで作った人工的都市の代表ブラジリアは100m と言われています。

　どちらもポートランドの倍以上で、ストリートから次のストリートまで歩くと、すっかり疲れてしまうような距離感です。

　文化的にも、ポートランドはユニークです。1960 年代にアメリカ西海岸で盛り上がった、反体制のヒッピー文化を担った人たちが、地価や家賃も高くなりすぎたサンフランシスコやロサンゼルスなどの都市を嫌って、静かで緑が多く、物価も税金に安いポートランドに集まってきたというわけです。その反体制的、反権力的で環境重視の文化が、今もポートランドには色濃く残っています。

斜めの庭園

　コンパクトシティにとって、公園も非常に重要な要素です。ポートランドは、3 つの公園で知られています。ひとつが街のエッジに位置するローズガーデン、もうひとつがローズガーデンのさらに上の山に位置する僕らの関わった日本庭園で

可動建具による庭とインテリアが一体化

す。もうひとつが町中のチャイニーズ・ガーデン
です。多様な文化を許容するポートランドの人間
のリベラルさが、3つの公園に反映されていま
す。コンパクトシティは、ただコンパクトである
だけでは十分ではなく、多様性と文化的な寛容性
も重要です。

　日本庭園の設立は1967年で、日本とアメリ
カをつなぐ文化施設を造りたいと、考える日本人
の有志達の手で建設が行われました。庭園設計を
行ったのは、東京農大とコーネル大学で造園を学
んだ戸野琢磨氏です。

　戸野氏はポートランドの複雑な高低差に富んだ
地形を生かして、複数の日本庭園の様式――平
庭、池泉回遊式、茶庭、石庭――を、違和感なく
共存させました。それぞれの庭が置かれたエレベ
ーション（高さ）が異なり、それによって様々な
斜めの関係が生まれています。

　ポートランド日本庭園は、一言でいえば、斜め
の日本庭園です。日本を造園を学んだあと、コー
ネルで西欧式のランドスケープを学んだ戸野氏の
存在自体の自由さ、斜めさが、西欧の庭園でも日
本の伝統的庭園でもない、第3の斜めの庭園を
生んだのではないかと僕は考えています。

緑化された屋根とつながるランドスケープ

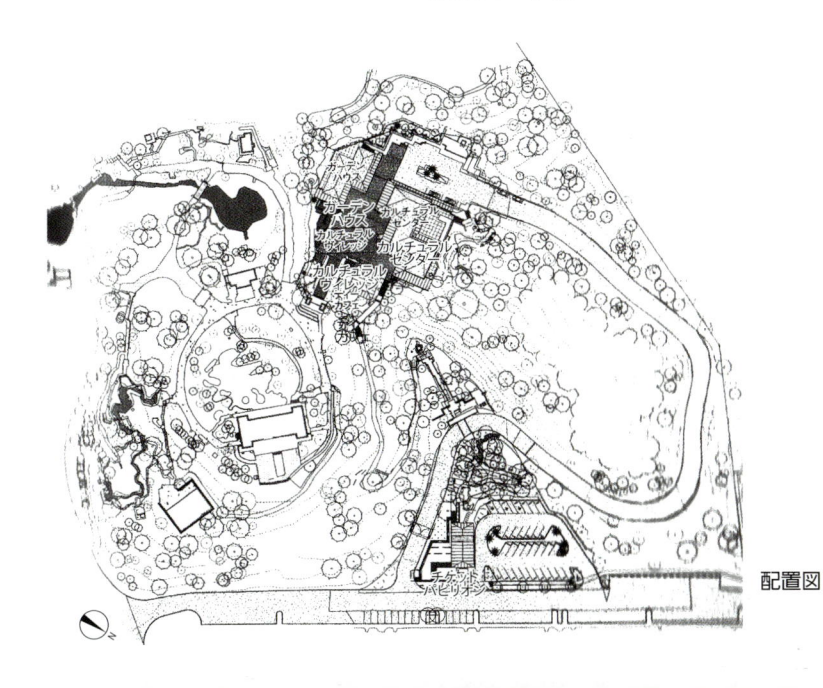

配置図

戸野氏の後も、日本の庭園設計の専門家が現地に常駐し、継続的なメンテナンスを行い、木やコケの成長、成熟によって、庭園の質は年々高まっています。今回僕らをコラボしたランドスケープデザイナーは、8人の庭園のディレクターのあとをついで、初代庭園学芸員（2008〜）をつとめる内山貞文さんです。

日本庭園にとっては、高いレベルのメンテナンスが不可欠ですが、ポートランドはそのメンテナンスが実を結び、「海外で最高の日本庭園」と呼ばれることもあります。

この日本庭園のもうひとつのユニークさは、単なる市民のための庭園であるだけではなく、当初から展示や講演会のできるミュージアム建築を、庭と併設していたことです。ミュージアムは質の高い展覧会を継続的に企画し、アメリカでは最もアクティブな「日本文化センター」のひとつと言われます。アイヌ文化の紹介などにも積極的で、ワビサビを超えた多様な日本文化をアメリカに紹介しています。日本にも美しい庭園はいくつかありますが、これだけ自由で充実したミュージアム機能を持つ庭園はありません。

庭園は、日本文化の最も深い部分を表現するメディアであることに間違いなく、庭を歩かせれば一瞬にして日本文化を感じてもらうことができます。庭園とミュージアムの一体化は、今後、日本の文化を世界に発信していくときの、強力なメソッドになると僕は考えています。

村としてのミュージアム

僕らがここで提案したのは、「村」という建築のあり方です。ひとつの大きな建築を造るのではなく、「小さな建築」が集合して、それぞれが多様な機能を負担する「家」になるという考え方です。今回新たに、日本の造園を教える教育の機能が加えられることになり、飲食、ショップ、ミュージアム機能も充実することになりました。

世界における日本庭園のファンは、想像以上の数ですが、彼らに造園のデザインを教える学校は存在しませんでした。ポートランドは、その意味で、海外発の日本にもないような日本庭園の教育センターともなるのです。

斜めを作る雁行プラン

それらの様々な機能を持つ小さな「家」が集合し、その真ん中に村の広場を作りました。単位と

高低差に富んだ地形を生かした森の中の「村」

なる「家」は雁行しながら中庭を取り囲んでいます。小さなユニットをずらしながらつなげていくプランニングを、雁行プランと言います。雁が群れをなして空を飛ぶ姿に似ているところから、そのように名づけられました。二条城や桂離宮などが代表例です。

雁行プランの特徴は、小さなコーナーをたくさん作りながら、ユニットが斜めにつながっていくことです。その意味で雁行プランこそ最高の「斜めのプランニング」と呼ぶこともできます。小さなコーナー（出隅）がたくさんあることで、雁行プランは庭と密接な関係を結ぶことができます。出隅とは庭へと飛びだした桟橋のような場所です。このプロジェクトは、出隅にもスライド式のガラス建具を用い、季節がよければ建具を全開して、出隅部分を外部化できるようにしました。

出隅という場所のもうひとつの面白さは、そこに必ず回転という運動が発生することです。橋の場合は、別世界へと飛び出しますが、方向は変わりません。しかし雁行プランの出隅は、左に進んでいたものが、そこで右向きへと90度方向が変わり、見る方向が90度回転するわけです。庭がその違った顔を見せてくれるわけです。二条城に行くと出隅の回転の楽しさが実感できます。(p.31 参照)

その意味で雁行プランは、小さな回転を無数に包含した、大きな斜めの運動なのです。

西欧の建築と庭園とは、基本的に一直線の軸線を媒介として接続されていました。フランス式庭園は典型的な軸線主義でデザインされていますが、自然と建築との有機的関係を特徴とするイギリス流の風景式庭園の場合でも、軸線によって、建築と庭園はつながれていて、斜めの手法はあまり使われません。

雁行プランは、軸線を用いずに、回転と斜めとを利用することで庭と建築との間に、他の庭園にはないような密接な関係を作り出すことができるのです。ポートランドでは、雁行プランの可能性を徹底して追求しました。

裏山との斜めの接続

それぞれの小さなユニットの屋根は緑化され、いくつかのユニットは後側の山の斜面の中に埋め込まれ、山と建築が一体化しています。屋根の軽さを保ったままで緑化するために、多孔質のセラミックパネルを用いました。布を染色する工程で

雁行プランが庭と建築の密接な関係をもたらす

生まれるこのユニークなリサイクル素材があったので、このディテールを実現することができました。建築とランドスケープの境界は、ほとんど消滅しています。こうして建築と裏山とが、あるいは中心の広場と裏山とが斜めに接続されたわけです。

　伝統的な木造の日本建築では、このように建築を山に埋めることはできませんでした。土圧を受けるには木造は不十分でしたし、土の湿気の問題を解決することもできなかったので、伝統的木造建築をランドスケープの中に埋め込むことは不可能でした。現代のテクノロジーがあってはじめて、このような形で建築とランドスケープを一体化することが可能となったわけです。

　日本の集落は、基本的に裏に里山と呼ばれる山を背負い、前面は水田や畑となって平地と裏山とが斜めに接続され、その中間に集落が位置していました。

　一方、中国ではしばしば、大地と天とが垂直につながれていたと言われます。典型的な都市の住宅形式である四合院の中庭という孔を媒介として、大地と天が垂直につながっていたのです。

　日本は天という抽象的な存在ではなく、裏山という具体的なものと、人間の住む空間とが斜めにつながっていたのです。ポートランドのプロジェクトは、この斜めの関係を現代によみがえらすことができました。

所在地　：アメリカ合衆国オレゴン州ポートランド市ワシントンパーク内 701 S.W. Sixth Ave. Pioneer Courthouse Square Portland, Oregon
設計　：2013 年 1 月～ 2015 年 7 月
工事　：2015 年 8 月ー 2017 年 5 月
主要用途：池泉回遊式庭園、茶庭、自然庭、石庭、平庭、カフェ、ギャラリー、ワークショップ、イベントスペース
構造　：鉄骨造
杭・基礎：カルチュラルセンター・ガーデンハウス・チケットパビリオン：ベタ基礎　ティーカフェ：壁基礎、アースアンカー付き
敷地面積：庭園全体：3.7ha　本計画：1.4ha
建設面積：949.2㎡
延床面積：1,431.9㎡
階数　：地上 2 階
最高高さ：8,274mm

地元の木材のルーバーで覆われたミュージアム内観

木質素材による斜めの要素で構成されたインテリア

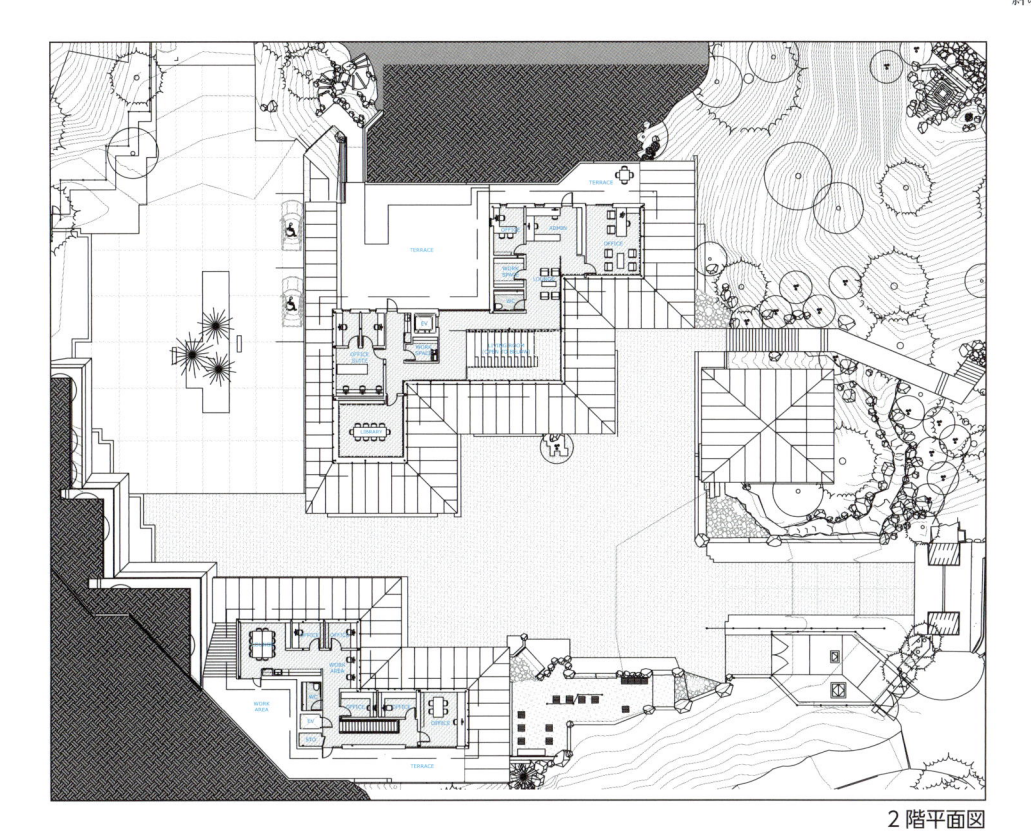

2階平面図

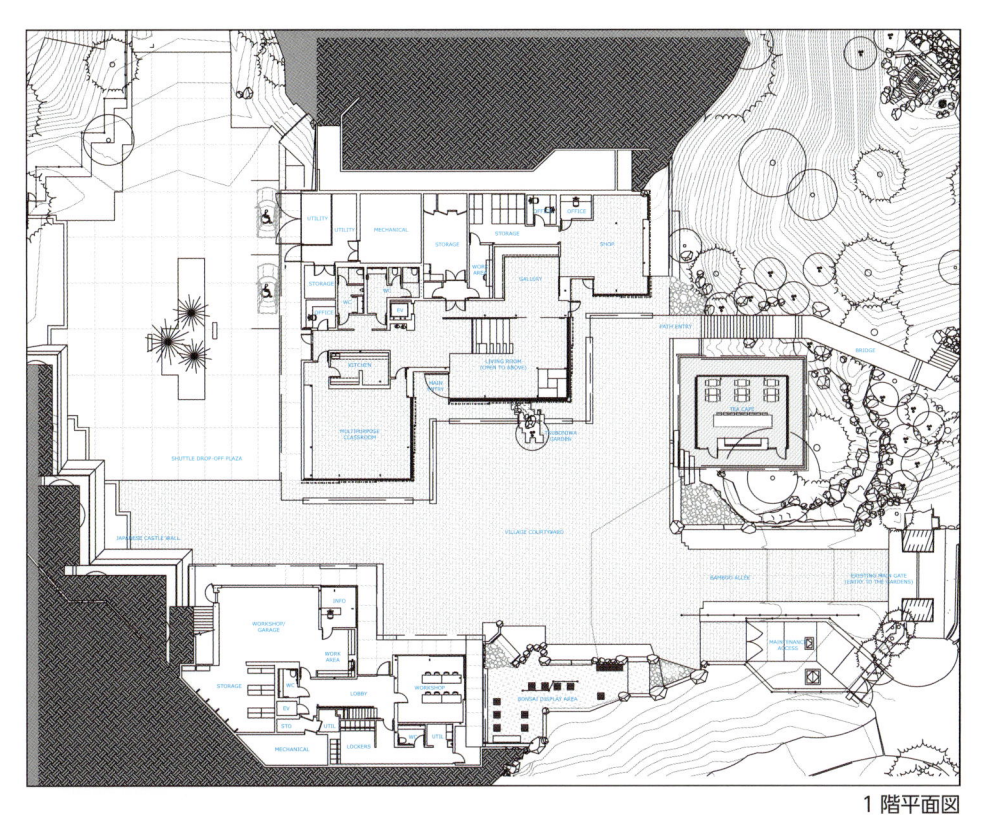

1階平面図

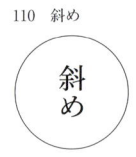

斜め

新国立競技場

1964 VS 2020

　前回の東京オリンピックが開かれた1964年とは、対極のものを造りたいという考えがベースにありました。

　1964年の日本は、高度成長のピークにあり、工業化社会、すなわちコンクリートと鉄の時代の絶頂にありました。1964年を象徴するのは、丹下健三（1913〜2005）の国立代々木体育館（1964）です。天に向かってそびえたつ二本のコンクリートの支柱で大屋根を支えるその造形は、まさに高度成長の上昇する勢いを、建築へと翻訳したものでした。

　2020年は、まったく逆の時代に属しているというのが、僕らの新国立競技場のデザインの出発点でした。天に向かう垂直性の勝った丹下流のデザインの代わりに、大地に寄り添う水平性を大事にしました。5枚の庇が重なりあうようにデザインし、その斜めの庇の下に、大きな影を作るような断面形状としたのです。光ではなく、影を大事にした少子高齢化社会を象徴するデザインにしました。

庇でつなぐ

　庇の下の影は、日本建築が最も大事にしてきたものです。雨が多く、夏は高温多湿となる風土に暮らす日本人は、大きな斜めの庇の下で雨をさけ、日差しをよけ、そこを吹き抜ける自然の風に吹かれて、なんとか毎日をしのいで生きてきたの

国立代々木体育館のコンクリートと鉄による天に伸びるデザイン

明治神宮内苑、外苑、新宿御苑の緑に囲まれた木のスタジアムのパース

です。庇の下の影こそが、日本人の生活の場所でした。

しかし、20世紀に西欧から輸入されたモダニズム建築は、影を嫌い、庇を嫌う、ハコ型建築でした。高緯度で、光が弱く雨が少ない西欧の風土には適していても、日本の風土には適さないものを、20世紀の日本は、流行のファッションとして受け入れてしまったのです。

新国立競技場は、庇が作る影によって、森とスタジアム、自然と建築とをつなぎ直そうと考えました。さらに庇の裏側を木で仕上げることによって、庇の下の空間を、より人にやさしく、やわらかい空間へと変えたのです。

コンクリート、鉄を材料とする20世紀のモダニズム建築が絶対に達成できなかった質の空間を、日本の伝統建築で多く用いられてきた木という材料を用いることによって、実現しようとしたのです。

庇の上には、東京の在来種の緑を植えて、建築と緑と一体化します。実は、屋根の上の緑も、日本では珍しいことではありませんでした。茅葺屋根の頂部の棟の上に、花の咲く植物を植える「芝

棟」という、日本人ならではのやさしいデザインがありました。新国立競技場の中にも、そのような田舎の民家の素朴さを持ち込んだのです。

小径木のスタジアム

庇の軒裏に用いる木は、小径木と呼ばれる、日本で広く流通していて、安価な材料を使います。

法隆寺五重塔

5枚の庇が重なったように感じさせる南側ゲート

10 cm角内外の断面寸法の材木を径木と呼びます。日本の在来工法の木造住宅は、ほとんどこの材料だけで、柱、梁を作っています。この材料なら、ほぼ日本全国で手に入ります。日本人全員が心をひとつにするナショナルスタジアムを、日本人に最もなじみのある建築材料で作ろうと考えたのです。しかも小径木の寸法は、人間を安心させる、気持ちのいい粒子感を持っています。人間の身体の腕や足と同じ太さの、安心させてくれる寸法なのです。

　将来、約8万人への増設が可能な、決して小さくはないスタジアムが、こういう小さな粒子で構成されていることが、とても大事であると考えたのです。

　屋根はトラスの下弦材にカラマツ集成材を、斜めのラチス材にスギ集成材を使用した、木材と鉄骨のハイブリッド構造で支えられています。

　もっとも気を配ったことは、集成材の寸法でした。最先端の集成材工場では、梁成（梁の高さの寸法）が1mも2mもある巨大な集成材を作ることが出来る時代になりました。

　しかし、最先端の大工場しか参加できないのでは、日本という場所にふさわしい開かれたスタジアムとはいえないと考えました。小さな全国の中小の集成材工場で製造することのできる寸法の集成材で、新国立競技場の屋根は支えられています。大企業による最先端技術を誇る、えらそうなナショナルスタジアムではなく、小さな工場でも参加できる民主的な建築システムこそが、これからの日本には必要だと考えたのです。

小さなスタジアム

　小径木の組み合わせで造る「小さなスタジアム」は、高さも低くなくてはいけないと考えました。敷地である外苑の地に1958年に建てられた54,244人収容の旧国立競技場の照明灯の最頂部では、60mの高さがありました。第1回目のコンペで選ばれたザハ・ハディッドの案は、70mの高さがありました。

　僕らは、50m以下を目指して、まずフィールドのレベルを可能な限り低く設定しました。三層の観客席も、フィールドにできるだけ近づけるように低いレベルに設定し、さらに、最上部の屋根を支える構造体の高さを最小化することで、最高高さを50m以下に抑えることができました。大地と一体化し、東京の緑の中心に融ける「小さな」競技場が少子高齢化と低成長の2020年にはふさわしいと考えました。

新国立競技場の周辺の緑地：明治神宮、新宿御苑、赤坂離宮そして皇居という東京において重要な緑の軸の上で、神宮外苑は大事な「結節点」です。新国立競技場の立地は、東京の中で木が一番似合う場所です。

市民に開かれたスタジアム

　スポーツイベントのない普通の日にも、市民に開かれたスペースを作ります。この場所には、かつて渋谷川が流れていました。その渋谷川の記憶を継承したせせらぎをつくります。スポーツイベントがない日にも、せせらぎを求めて市民が遊びにくるようなスタジアムが、2020年にはふさわしいと考えました。

　最上階の外周部分「空の杜」と呼ばれる空中遊歩道をデザインしました。1周850mの遊歩道はランニングにも散歩にもデートにも使えます。公共建築の中に、そのような開かれた場所をどんどん増やしていかなければならないと考えています。

　スタジアムは、スポーツのイベントのためにあるだけではなく、毎日の生活の一部でなければならないのです。生活と祝祭とをフラットにつなげる建築がこれからの時代には必要とされるのです。

所在地　　：東京都新宿区霞ケ丘町10番1号他

設計　　　：2016.01.29 ～ 2017.01.31
　　　　　　大成建設・梓設計・隈研吾建築都市設計事務所共同企業体

工事　　　：2016.10 ～ 2019.11

所要用途：競技場（スタジアム）

構造　　　：鉄骨造・一部鉄骨鉄筋コンクリート造他（屋根トラス：木材と鉄骨を組み合わせた部材で構成）

敷地面積：113,039.62m²

建設面積：72,406m²

延床面積：194,010m²

建蔽率　　：64.07%　　容積率　：105.66%

階数　　　：地上5階、地下2階

最高高さ：49,200mm

地域地区：第二種中高層住居専用地域、準防火地域

（注）・パース等は完成予想イメージであり、実際のものとは異なる場合があります。
　　　・植栽は完成後、約10年の姿を想定しております。

明治神宮の緑の参道と木の鳥居

明治神宮の森

新宿御苑

赤坂離宮

時間

歌舞伎座

中央区銀座 4 − 12 − 15

歌舞伎座の変遷

　明治 22 年（1889 年）に築地挽町の地に、最初の歌舞伎座が建設されました。それ以前、歌舞伎を演じる劇場は何か所もあったのですが（中村座、市村座、森田座、山村座）、西洋人が訪れても恥ずかしくない、大きな西洋式の劇場をつくることが必要だと考えた福地桜痴（ジャーナリストで、福沢諭吉と並ぶ西洋通として知られていました）が中心になって、第一代の歌舞伎座は、驚くべきことに、パリのオペラ座を思わせるような擬洋風建築として建設されたのです。

　しかし、1911 年に西洋式の帝劇が完成し、歌舞伎座には日本の伝統的なデザインの方がふさわしいということになり、外装の改修が行われ、第二代歌舞伎座（1911）が完成しました。1924 年には東京芸術大学の教授で、様式建築の名人と呼ばれて、洋風も和風も自由にこなした岡田信一郎（1883 ～ 1932）による第三代に引き継がれました。

　第二次世界大戦の空襲（1945 年）で大きな被害を受けたあと、1951 年に同じく東京芸術大学教授で、近代数寄屋スタイルの創始者と呼ばれる吉田五十八（1894 ～ 1974）が第三代の残存躯体を用いて第四代を完成させました。僕らの歌舞伎座は、第五代ということになります。

正面から見た歌舞伎座：高層棟のファサードは、劇場に対してシメントリーの構成 *

日本的な時間の継承と建築／歌舞伎座

　歌舞伎役者が、名前を襲名していくように、歌舞伎座も、第一代からはじまって、伝統を引き継ぎながら次々と襲名していくところが、とても日本的です。日本的な時間の継承手法といってもいいでしょう。

第一代 歌舞伎座
1889 年

　襲名システムのおもしろさは、名前を引き継ぎながらも、別人として生まれ変わるということです。しかも親から子へという襲名ばかりではありません。違う家の子供が名前を継ぐということも、しばしば行われるほどにフレキシブルなのです。フレキシブルであると同時に、名前が継がれるたびに、その名前の意味が深化したり、思わぬ本質が現れることもあるのです。襲名とは、そのようなやわらかくて、深いシステムなのです。

第二代 歌舞伎座
1911 年

第三代 歌舞伎座
1924 年

　日本の建築には、このような襲名的な保存システムがあってもいいのではないかと僕は考えています。伊勢神宮も、襲名的な保存システムを採用しています。伊勢は式年遷宮と呼ばれる 20 年ごとの建て替えシステムで有名で、その方法を 8 世紀以来継承してきたといわれています。

第四代 歌舞伎座
1951 年

　実は、建て替えのたびに伊勢神宮のデザインは微妙に変更されているのです。屋根の角度を変え

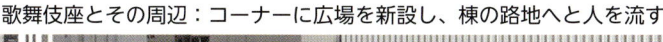

歌舞伎座とその周辺：コーナーに広場を新設し、棟の路地へと人を流す

るという大変更さえ、経験しています。建て替えの当事者は、その時代にあった新しいデザインを追求するという意識ではなく、より伊勢神宮の本質を追求するという気持ちだったことは間違いがありません。それでもフレキシブルに変わっているところが、襲名とよく似ています。

僕らも、そのような気持ちで、新しい歌舞伎座を設計しました。いわば、第五代を襲名したわけです。石造のヨーロッパでは、このように頻繁に改修や建て替えが行われることはありません。木造を基本としながら、大地震、大火災に対応しなければならない日本だからこそ、このような頻度で建築が襲名を繰り返したわけです。

歌舞伎座のアイデンティティ：斜め屋根

今回は、歌舞伎座という劇場の上に、高層ビルを建てる必要がありました。松竹という民間企業の力だけで、建て替えの資金を捻出するためには、オフィスビルを上にのせ、そこからの収入を確保する必要があったのです。

高層ビルと複合してもなお、歌舞伎座が歌舞伎座であり続けるにはどうしたらいいか、襲名を継続するにはどうしたらいいか。僕らが考えたのは

二つのことです。

ひとつは、「屋根ののった劇場」という構成を変えないことです。第一代から第四代まで継承された屋根＝斜面のデザインが、歌舞伎座のアイデンティティを構成していることは間違いありません。周りが四角いハコ型のビルになってしまったことで、いよいよ斜め屋根の重要性は増しました。斜めだからこそ、歌舞伎座に見えるのです。

しかし、斜めを技術的に守ることは、簡単ではありませんでした。晴海通り沿いの正面の屋根を残すためには、高層部分を思い切り後ろに下げて、ホワイエの上ではなく舞台の上に、高層ビルを建てなければなりません。

ホワイエには柱があってもいいのですが、舞台に柱を建てることはできないので、舞台の上に高層ビルを建てることは、構造的に大変難しく、世界にもあまり例がありません。劇場の上に高層ビルをのせる例は、世界中でたくさんありますが、そのほとんどは、ホワイエ部分の上に高層ビルをのせているのです。

幅広のプロセニアム

東京の歌舞伎座の舞台は、特にプロセニアムの

地下鉄出口も組み込まれた歌舞伎座のファサードと新しく設けられた街角の広場 *

劇場上層部の高層ビル

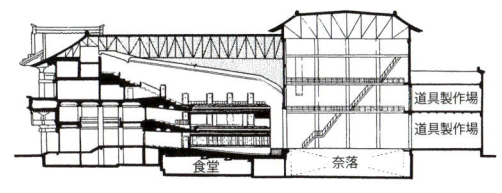

道具製作場
道具製作場
食堂
奈落

第四代目歌舞伎座の劇場断面図

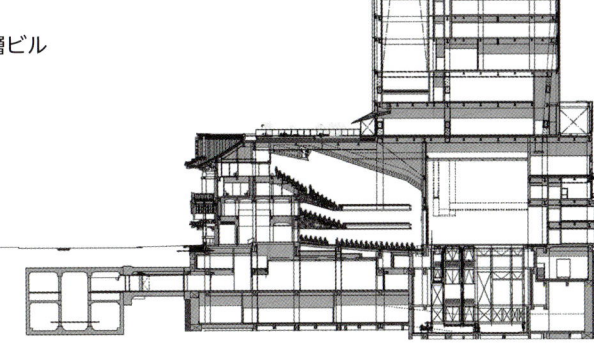

第五代目歌舞伎座の高層ビルと一体化した劇場断面図

基準階平面図

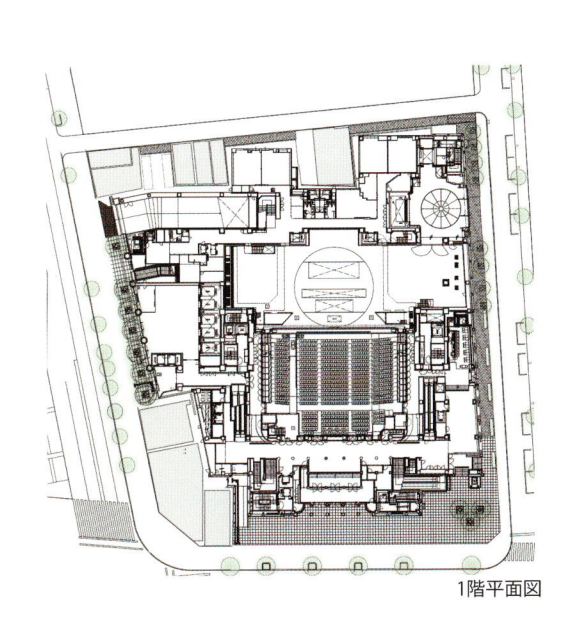

1階平面図

公園と和風庭園のある5階平面図

地下鉄の改札につながっている防災広場を兼ねた地下広場 *

ホワイエ：以前の印象を残す赤い丸柱、再利用された手摺り *

ホワイエの復元されたカーペット *

間口が広い（27.5m）ことで有名です。日本の演劇では、横長のプロセニアムが特徴ですが、東京の歌舞伎座は特別に幅広です。大阪や京都の歌舞伎座とも比較にはなりません。演劇評論家の渡辺保は、この圧倒的な間口寸法こそが、東京の歌舞伎座を歌舞伎座たらしめていると書いています。

　その巨大無柱空間の上に高層ビルをのせるために、僕らは、2階分の高さのあるスパン38mのメガトラスを用いて、高層棟の荷重を受けるというアクロバティックな解決をしています。スパンが大きいので、高層棟の荷重でトラスがたわみます。その変形を修正するために、トラスの上の柱頭部分にジャッキを入れて、変形を修正しながら高層棟を施工するという特別な方法が採用されました。そうまでして、「斜め」を守りたかったのです。

物質と時間

　もうひとつ大事にしたのは、吉田五十八先生の先代（第四代）に用いられていた建築部材を、できる限り再利用するということです。天井を構成する木材、ホワイエの手すり、使えるものはすべてとっておいて、新しい劇場の中に再利用しまし

舞台から客席を望む：椅子を大きくして天井高を変えている *

た。傷みが激しく使えないものは、昔の技術に近い形で作り直しました。

　ホワイエのカーペットは、一度なくなってしまったものを、写真を頼りに、山形の手織りの職人さんと一緒になって再生しました。第四代の竣工写真に写っていたカーペットを、写真だけを頼りにそのとき作った会社（オリエンタルカーペット）を探して、復元したわけです。

　このような「小さな保存」、「小さな再生」を組み合わせていくことで、先代の歌舞伎座の空気を再生させることができました。

　物質とは、「時間」を継承するための、最もすぐれた媒体である、と僕は考えています。デジタルデータは古びることがありませんが、逆に時間による熟成を経験させることは不可能です。

　物質を大事に使うことで、物質の中にどんどん「時間」が蓄積されていきます。だから、古い建築に使われていた物質を再利用することで、そこに流れていた長い時間を受け止め、受け継いでいくことができるわけです。

　だから部材の再利用は、襲名においても、とても重要なのです。役者さんたちも、先代の使っていたものを、とても大事にします。歌舞伎役者の

皆さんから、「昔とまったく同じだね」と言われたことが、最大のほめ言葉だと思っています。

　昔を変えることは簡単ですが、昔と同じにすることは、とても大変なことです。小さな努力と注意を積み重ねていかないと、昔と同じにはならないのです。昔と同じでいて、しかも微妙に変わっていて、それで少し輝いて感じられる。それが襲名という保存方法のおもしろさです。

所在地　　：東京都中央区銀座 4-12-15
設計　　　：2008 年 1 月〜 2010 年 9 月
工事　　　：2010 年 10 月〜 2013 年 2 月
主要用途　：事務所、劇場、店舗、駐車場
構造　　　：鉄骨造（地上部）RC 造（地下部）
杭・基礎　：直接基礎
敷地面積　：6,995.85m²
建築面積　：5,905.62m²
延床面積　：93,530.40m²
建蔽率　　：84.41%
容積率　　：1178.72%
階数　　　：地上 29 階、地下 4 階、塔屋 2 階
最高高さ　：145,500mm
地域地区　：商業地域

幅広のプロセニアムと客席 *

時間

La kagu

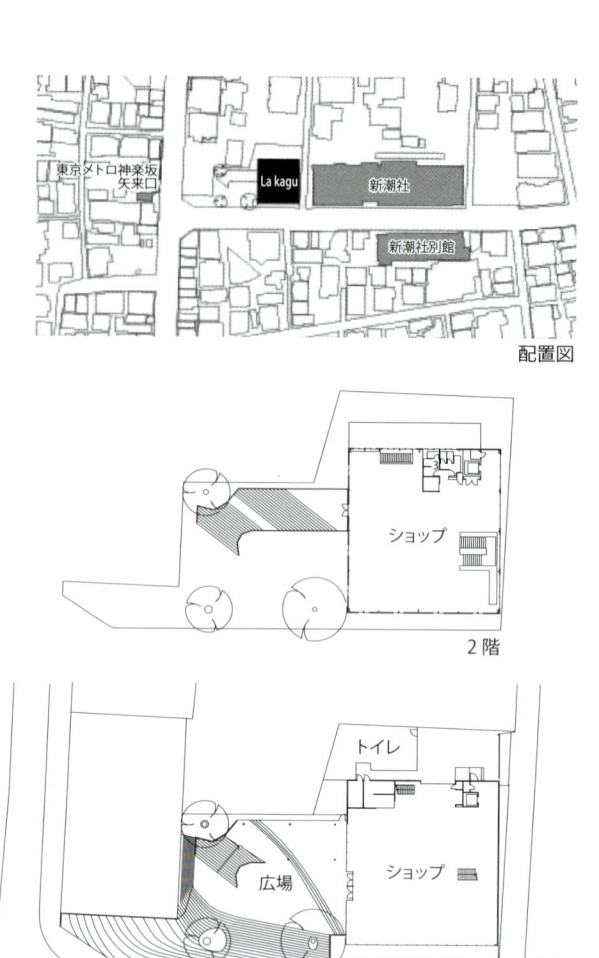

配置図

2階

トイレ

広場　ショップ

平面図 1階

神楽坂の魅力

　神楽坂は、東京の中でも歴史的な街並みが、最もよく残っている魅力的な街です。車も通れない狭い坂道が至る所に残っていて、ジェーン・ジェーコブスが称賛する曲がりくねった道の宝庫です。このようなウォーカブルで、ヒューマンな地域に流れる時間は、東京の宝です。木造の建物もたくさん残っていて、小さな木造建築が神楽坂を構成する基本的な粒子になっています。

　その神楽坂地区を東西に貫く神楽坂通りの西端が、もうひとつの軸──大久保中央通りと交差する場所が、このプロジェクトの敷地でした。出版社が所有する、鉄骨造でスレートの波板貼りの昭和の倉庫をどう再生させるかが、僕らに与えられた課題でした。この倉庫はもう何十年も使われずに放置されていました。地下鉄の出口の目の前に

階段広場からスムーズに1、2階ショップへ

ある街の重要な交差点であるにも関わらず、コインパーキングと、打ち捨てられ、閉鎖された倉庫で占有された敷地は、暗くて、荒れた印象の場所で、神楽坂のブラックスポットでした。

地形という生き物の再生

この場所を再生するために、僕らは新しい建築を建てるのではなく、その場所のトポグラフィー（地形）を生かした階段状の広場を提案しました。

そもそも敷地は、造成によってできた段差があって、それが原因でこの場所がうまく使われてこなかったのです。ウッドデッキで地形を作って段差を解消し、交差点と古い倉庫がゆるやかにつながるだけで、自然に、この場所に人々の流れが生まれ、場所がよみがえるだろうと考えたのです。

一言でいえば、20世紀は造成という人工的な操作によって、地形という生き物を殺してきた時代です。造成によって、フラットな場所を作り、その上に箱型の建物を造るシステムが、20世紀を支配しました。それ以前の都市の中に残っていた微妙なヒダや陰影が、造成という機械的な作業によって、すべて抹殺されてしまったわけです。

例えば、ローマで最も人気のある公共空間のス

本の倉庫を街並みに組み込んだ La kagu

ペイン広場は、地形を生かした広場の傑作です。かつてスペイン広場の場所は、土地に段差があって、高いレベルと低いレベルは完全に分断され、人々は往来できませんでした。それを大階段でつなごうというのは、法王グレゴリウス13世のアイデアだと言われています。段差を地形的な階段でつなぐアイデアは、La kagu と同じです。

幸い神楽坂近辺には、地形の微妙なヒダがたくさん残されています。神楽坂は単に小さな、おもしろい建物が残っているからだけではなく、地形が残っているからこそ、魅力ある街になっているのです。人間という生き物は、地形を足の裏で感じながら、大地としっかりつながっていたいので

地形状の階段広場の夜景

す。地形さえうまく再生できれば、その場所が再生し、人々が自然に、そこに集まってきます。La kagu は、もともとそこに建っていたスレート壁の倉庫には、ほとんど手をつけていません。建物より、地形の方がずっと大事だと考えたからです。へたに倉庫に手をつけると、倉庫に残っていた昭和の時間が消えてしまうかもしれません。

大地の復活、大地の操作

　新しくデザインされた階段状の広場は、大地のやわらかさを取り戻すために、可能な限り直線をさけ、曲線を使ってデザインされています。

　木製デッキで作られたその「第二の大地」は、2つに分岐して、古い倉庫の2階にも直接つなげました。2階では、レクチャーや展覧会などのイベントが開催されますが、その2階が、直接、大地とつながるように、地面そのものを操作して、延長したわけです。階段という人口的な道具のかわりに、大地という道具を使って、人々を2階に導いたわけです。

　「大地の操作」という方法も、今後のアーバンデザインにおいて大きな役割を果たすことになる

でしょう。

　固い広場に代って、やわらかい広場がより必要とされています。大地を感じられるやわらかさが、都市の中にも求められているのです。La Kagu では木を床の材料として使ったことも効果的でした。床は人間の心理に大きな影響を与えます。

　石やタイルの広場よりも、土を固めたタタキ（三和土）の床（アオーレ長岡の広場で使っています）や La Kagu の床の方が、より大地に近い感覚を与えてくれます。

　なぜなら、人間はいつも床と直接触れ合っているからです。空中を飛べない限りは、床に触れ、床にしがみついているしかないので、床に影響されやすくできているのです。

ディテールに埋蔵された時間

　もともと出版社の本の倉庫であった建物は、1969年に建設された機能本位のローコストの建物で、文化財としての価値があるというような特別な建築ではありません。しかし、細い鉄骨を組み合わせた構造体など、今の鉄骨建築とは微妙に違うおもしろさ、ぬくもりが、いろいろ見つかり

大地のやわらかさを持つ曲線のデッキ　　　　　　デッキ上部から地下鉄の駅までがひとつにつながった

ました。

　当時は、今と比較すると、材料代と手間代のバランスが違っていて、手間代が割安だったわけで、こんな繊細な構造体が可能だったのです。その時代には、何でもなかったありきたりのディテールが、今となっては、その時代の経済と社会の仕組みを映す、貴重なメディアともなっているわけです。

　その時代独特のディテールを見せるために、天井もすべて露わしにしています。文化財や有名建築でなくても、古い建物にはたくさんあるのです。それをそのまま、現在という時間とつなげることで、現在がとても豊かな時間に変わるのです。

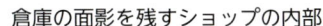

階段詳細図　1/20

所在地　：東京都新宿区矢来街 67 番地

設計　　：2013.03 〜 2014.03

工事　　：2014.04 〜 2014.09

所要用途：店舗：アパレル、雑貨、家具、カフェ、ブックスペース、レクチャーホール

構造　　：主体構造　鉄骨造

杭・基礎：直接基礎

敷地面積：1283.34m²

建設面積：626.93m²

延床面積：962.45m²

建蔽率　：48.95%

容積率　：75.00%

階数　　：地上 2 階

最高高さ：9,876mm

地域地区：商業地域、近隣商業地域、第一種中高層住居専用地域、40m 高度地区、30m 高度地区、20m 第二種高度地区

倉庫の面影を残すショップの内部

時間

アントレポット・マクドナルド

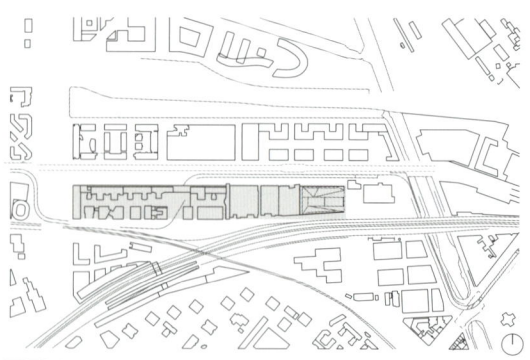

配置図

足し算の保存

　パリの北のエッジ、環状道路（通称ペリフェリック）と貨物鉄道の交差するマクドナルド大通りに面した土地に、1970年、全長616mの大物流倉庫が建設されました。

　しかし、物流システムが変化し、この大倉庫が不要となり、2007年、OMAがマスタープランナーに選定され、既存の2階建て大倉庫を保存しながら、6つのブロックに分割して、リノベーションするというユニークな建築、保存計画が実現しました。

　各ブロックを担当する建築家が既存建築の改修と、その上部の増築をデザインするというポスト工業化の時代にふさわしい再利用計画です。

　600mの長さの6分割することで、工業化時代のアンチヒューマンな大建築を保存しながらも、増築という足し算の方法で、都市にとってヒューマンなスケールを取り戻そうという、現代にふさわしいアイデアです。

　各ブロックでコンペが行われ、僕らは小学校、中学校、コミュニティのためのスポーツコンプレックスからなる、西端のブロックの建築家に選定されました。

屋根でつなぐ

　他のブロックを担当する5人の建築家がすべて、既存のコンクリートの箱の上に、さらに新しい箱を提案したのに対し、僕らは「時間」を意識

既存の2階建て物流倉庫の上に薄い屋根を架け、インダストリアルな硬さを消す

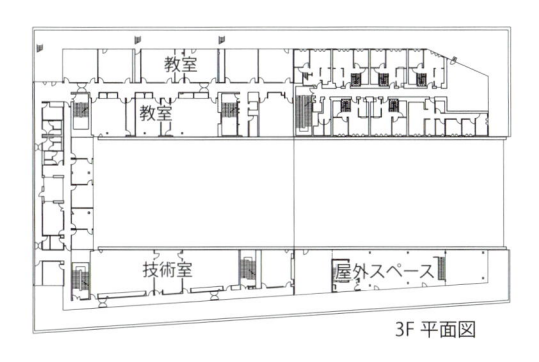

3F 平面図

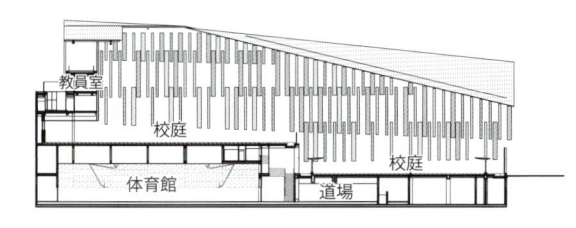

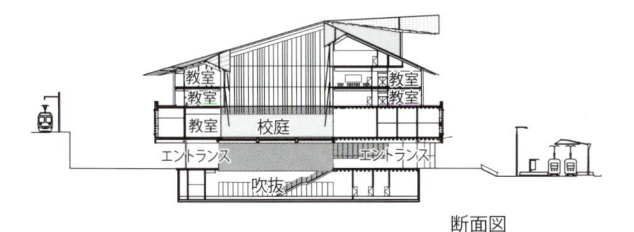

断面図

しました。そして既存の箱の上に、薄い屋根を架けるという案を提案しました。

　屋根、すなわち斜めの要素を導入することで、箱と空、箱と大地をつなぎ直そうと考えたのです。屋根がのることによって、物流倉庫のインダストリアル（工業的）な硬さが消え、家のようなやわらかなものが加わることも期待しました。小学校、中学校、地域スポーツセンターという子供と地域が主役となる中身も、屋根と相性がいいはずです。

　屋根の作り方、材料に関しても工夫しました。木造住宅の屋根のような、やわらかさ、軽さが、この屋根には必要だと考えたのです。細い鉄骨で屋根のフレームを作り、野地板をカラマツ製の構造用合板で作り、下から見上げたとき、その野地板が建築の主役となって、木の質感が感じられるデザインにしたのです。

　屋根のデザインでは、軒をどう見せるかが、すなわち屋根の裏側をどう見せるかが一番重要です。日本の伝統建築でも、その原型となった中国の伝統建築でも、軒の部分を最も重視していました。当時の東アジアでは木造が建築の基本であり、木でできた柱を日光や雨から守るために、屋

斜めの要素を導入することで、箱と空、箱と大地をつなぎ直す

中庭に面する壁面のルーバー詳細には、パリの街で古くから用いられてきた亜鉛の板が使われている

根を柱や壁よりも前に張り出して、柱を光や雨から守る必要がありました。

　すなわち、柱から屋根をキャンチレバー構造で持ち出してくる必要があったのです。柱から屋根をキャンチレバー構造で持ち出すと当然、飛び出した屋根を下から見上げたときに、軒すなわち屋根の裏側がよく見えます。

　屋根を上から見下ろす高い視点は、実際にはあまり存在しません。むしろ、地面に立ったときの見上げる視点を最も大事にしなければいけなかったのです。中国や日本の伝統的木造建築では、そのようにして斗栱と呼ばれる軒下の骨組み部分のデザインが、進化を遂げたわけです。

　このパリの建築でも、屋根の裏側の軒の部分に細心の注意を払い、木のパネルを用い、そのパネルの割り付け、それを支える鉄骨との関係、その鉄骨の先端のディテールに気を配りました。ここでの軒下の鉄骨は、現代版の斗栱であり、垂木であり、大地と建築の関係をも決定づけるからです。屋根がうまくできれば、建築と大地とは自然につながりますが、屋根だけが目立ってしまうと、建築は逆に大地と切断されてしまいます。

地面に立ったときの見上げの視点を大事にするデザイン

三合院で都市をつなぐ

　屋根と同様に、重要視していたのが中庭の形状です。都市の建築において中庭は、きわめて重要な空間です。外部と内部との中間に位置し、様々なコミュニケーションを誘発する大事なパブリックスペースです。中庭を通じて、建築は都市とつながります。中庭のデザインにおいて、僕らは、三合院型というプロトタイプを重要視しています。

　三合院型というのは、中国の住居形式に関する名称で、四棟の建築が一つの閉じた中庭を囲む住宅形式が四合院、三棟がコの字型に中庭を囲み、一方が外部（例えば道路）に対して開かれた形式が三合院です。北京などの中国北部では、ほとんどの都市住宅は、四合院タイプですが、福建省や台湾などの気候がおだやかな南では、三合院の住宅が多くみられます。

　マクドナルドのプロジェクトでは、三合院型を採用し、中庭を西側の隣地に向かって開きました。セキュリティをフェンスによって守りながらも、外部に開かれていることが、現代のコミュニティ施設には必要であると考えたからです。マクドナルドの三合院は、子供たちにも大人気で、いつも歓声が響いています。

所在地　　：パリ、フランス

設計　　　：2010年2月〜2012年4月

工事　　　：2012年9月〜2014年9月

主要用途：小学校、中等学校、スポーツセンター

構造　　　：主体構造　鉄筋コンクリート造

一部構造：RC造（既存部）鉄骨造（増築部）

敷地面積：6,500m²　　　　延床面積：16,744m²

建築面積：4,724m²　　　　建蔽率　：72.67%

容積率　：257.60%

階数　　　：地下1階、地上6階

最高高さ：32,640mm

地域地区：Paris Nord Est 再開発地区

コの字型に囲んだ三合院型の中庭により、都市に向かって施設を開く

時間

北京前門地区

グリッドと胡同と四合院の二重構造

かつての北京は、ユニークな二重構造を持つ街でした。中華大帝国の首都は、奈良や京都のモデルとなった長安、洛陽以来、基本的には、格子状の道路パターンを持つグリッド都市でした。しかし、同じグリッド都市と言っても様々で、欧米のグリッド都市は、基本的には、ニューヨークのように、格子状道路の内側には細い路地はありません。すなわち一重構造です。

一方中国では、格子状の街区割が大きすぎたのでしょうか、その内側に胡同（フートン）と呼ばれる細かい路地がランダムに走り、胡同に面して、四合院と呼ばれる中庭型住宅が並んでいたのです。胡同は世界のストリート文化の中でも、最も魅力的なヒューマンで親密な空間でした。

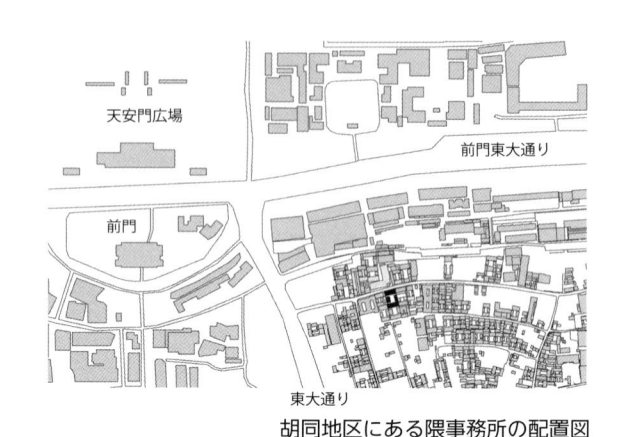

天安門広場

前門東大通り

前門

東大通り

胡同地区にある隈事務所の配置図

パブリックな胡同とプライベートを曖昧につなぐアルミのファサード

皇帝（中央政府）の定めた「大システム＝グリッド」と、庶民の街の「小システム＝胡同」がオーバーラップした、不思議な魅力が中国の都市にはあったのです。中国文化の一番の魅力は、この二重性にありました。

しかし、近年の大開発は、この胡同と四合院を破壊し、超高層とショッピングセンターからなる、世界のどこにでもある退屈な街に変えてしまいました。

「最後の胡同」と呼ばれていた北京中心部の前門地区は、スラム化した四合院が問題視され、破壊される寸前でした。しかし、住民と欧米メディアの反対にあって、中国政府は方針を変更し、胡同、四合院保存を前提とする新しい再開発が試されることになったのです。

中国から３人、中国外から２人の建築家が選ばれ、胡同、四合院を保存しながら、ミックスユースで歩行者重視の、新しい低層都市のビジョンを描きました。

ユニットとストリートをつなぐ

僕らの提案は、四合院を保存しながら開くことでした。センと呼ばれる中国独特の黒いレンガの壁をめぐらし、路地に対して完璧に閉じられていた四合院というユニットを、路地に開くことです。車を排除し、歩行者空間として再生された胡同と、ミックスユースのフレキシブルな都市単位としてリデザインした四合院とを、再びつなぎ直すことでした。

まず、センを積み上げて作った壁を大きく切り欠き、代りにアルミの押し出し材を組み合わせて作ったスクリーンで、胡同と四合院との関係を制御し、パブリックスペースと四合院との、新しい柔軟な関係性を提案しました。

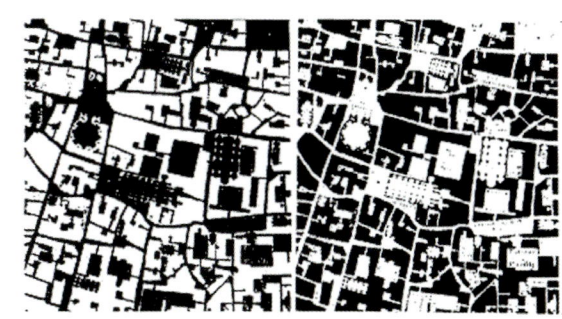

ローマのネットワーク型都市構造（ノリの地図）

アルミスクリーンが四合院の中庭と、各棟の関係を制御している

ネットワーク型パブリックスペース

　20世紀のアーバンデザインは縦割りが基本でした。プライバシーが優先され、個人の資産、所有権、売買益を重視する経済社会システムが、パブリックスペースとプライベートスペースとの分断を強化し、都市を貧しく、人間の生活を貧相にしていったのです。

　僕らがめざすのは、パブリックとプライベートの境界を曖昧にして、都市をゆるやかにつなぎなおすことです。ゆるいネットワークとして再生することです。

　かつての18世紀のローマに、このようなネットワーク型都市構造が存在したことを示したのがノリの地図です。ここでは教会のようなプライベートの建築物の中にも、公共空間が入りこんで、誰もが都市を自分の生活空間として使いこなす公私融合の状態が示されています。ノリはストリートも教会も、誰もがアクセスできる空間とすべて黒く塗りつぶしました。ノリにとって都市は連続ネットワークそのものでした。

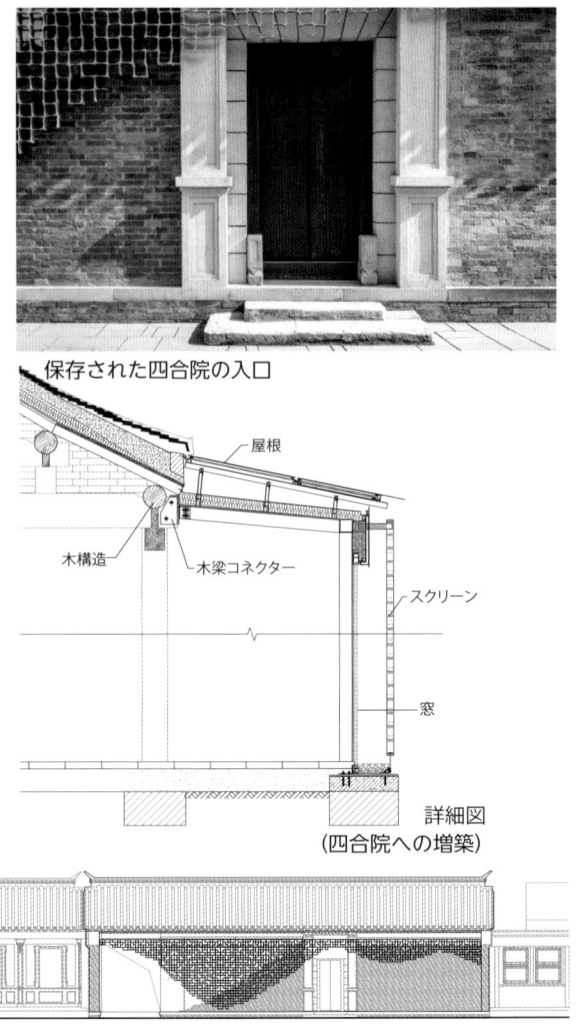

保存された四合院の入口

詳細図
（四合院への増築）

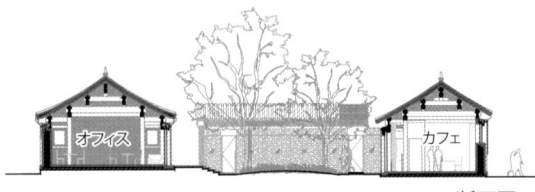

断面図

北立面図

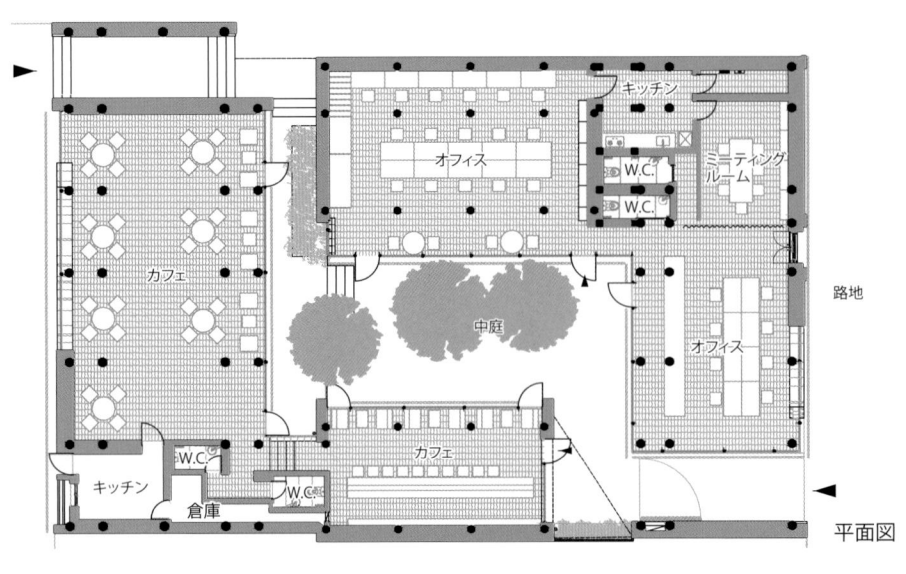

平面図

スクリーンは方向によって視線を制御する

四合院の屋根は木造のフレームによって支持されていた

　時間・孔・粒子といった建築をつなぐためのボキャブラリーを駆使することで、再びこのネットワーク状の都市を再構築したいと僕らは考えているわけです。私有という制度によってバラバラにされた20世紀の都市を再びひとつにつなぎあわせたいのです。

所在地　：北京、前門地区

設計　　：2015年3月〜2015年5月

工事　　：2015年5月〜2016年12月

主要用途：オフィス／飲食（カフェ）

構造　　：木造

杭・基礎：布基礎

敷地面積：562m²

建設面積：393m²（オフィス：197m²／飲食（カフェ）：196m²）

延床面積：393m²（オフィス：197m²／飲食（カフェ）：196m²）

建蔽率　：70%

容積率　：70%

階数　　：一階建

最高高さ：6,500mm

地域地区：住居地域

センと呼ばれるレンガで積んだ壁を切り欠いた、開かれたオフィスから胡同を見る

索　　引

図版・写真リスト

序論

図序・1、2、3、10、25、36、37、52：「近代建築史」鈴木博之編（市ヶ谷出版）

図序・4、19、20、21：「場所原論」隈研吾著（市ヶ谷出版）

図序・5、18、33(a)、33(b)：隈研吾建築都市設計事務所

図序・34、53：北生康介

図序・6：「広場の造形」カミロ・ジッテ（表紙）

図序・7：「建築家なしの建築」バーナード・ルドルフスキー（表紙）

図序・8：「建築の多様性と対立」ロバート・ヴェンチューリ（表紙）

図序・9：五十嵐太郎

図序・11：「アメリカ大都市の死と生」ジェーン・ジェーコブス（表紙）

図序・12：「S,M,L,XL」レム・コールハース（表紙）

図序・13：「小さな建築」隈研吾（表紙）

図序・14：佐藤勉

図序・23、43：大塚雄二

図序・15、22、31：鈴木信弘

図序・24：八代克彦

図序・26：Exploring Rome : Piranesi and His Contemporaries, Centre Canadien d'Architecture, 1993

図序・27、28：「ル・コルビュジエ全集」（Le Corbusier/Complete Works）

図序・29：「建築史」藤岡通夫他（市ヶ谷出版）

図序・30：「西洋建築史図集」日本建築学会（彰国社）

図序・32：市ヶ谷出版

図序・35：FUJITSUKA Mitsumasa

図序・38、39、40：「日本の伝統木造建築」光井渉（市ヶ谷出版）

図序・41、42：三宅由佳

図序・44：ポンピドーコンペ応募案（ジャン・ヌーベル事務所 H.P.：五十嵐太郎提供）

図序・45：ジュシー図書館応募案模型（S,M,L,XL より）

図序・46：横手義洋

図序・47、48：大村和哉

図序・49：Google

図序・50：Robin Middleton, David Watkin, Neoclassical and 19th Century Architecture 1, Electa, 1980, Fig. IV

図序・51：「保存原論」表紙　鈴木博之（市ヶ谷出版）

図序・54、55：父の墓（隈研吾）

事例

スターバックス太宰府天満宮参道店

写真：（Masao Nishikawa）、図面：（隈研吾建築都市設計事務所）

としまエコミューゼタウン
写真：(日本設計（川澄・小林研二写真事務所)) 図面：(日本設計)
エンパイア・ステートビルディング：(超高層事務所ビル　市ヶ谷出版)
シーグラムビル：(近代建築史　鈴木博之編・市ヶ谷出版)

北京茶屋
写真：(Koji Fujii/Nacasa & Partners Inc.)、図面：(隈研吾建築都市設計事務所)、ミラノサローネの Water Block・
ウォーターブランチハウス：(場所原論　市ヶ谷出版)、ホームデリバリー展：(MOMA ポスター)

ブザンソン芸術文化センター
写真：(Nicolas Waltefaugle)、図面：(隈研吾建築都市設計事務所)

アオーレ長岡
配置平面図：(市ヶ谷出版) 写真：(FUJITSUKA Mitsumasa)、図面：(隈研吾建築都市設計事務所)

飯山文化交流館なちゅら
写真：(FUJITSUKA Mitsumasa)、図面：(隈研吾建築都市設計事務所)、なちゅら周辺（市ヶ谷出版)、雁木：(共同通
信イメージズ)、ロンシャン礼拝堂：(近代建築史（鈴木博之編・市ヶ谷出版) ナカミチの三叉：(市ヶ谷出版より)

帝京大学小学校
写真：(Takumi Ota)、図面：(隈研吾建築都市設計事務所)、銀座松竹スケア・浅草観光文化センター：(Takeshi
YAMAGISHI)

中国美術院民芸博物館
写真：(Eiichi Kano)、図面：(隈研吾建築都市設計事務所)

九州芸文館
写真：(Hiroyuki Kawano. Erieta Attali)、図面：(隈研吾建築都市設計事務所)、新幹線の駅と九州芸文館の鳥瞰：
(Google map より)、周辺状況：(市ヶ谷出版)

マルセイユ現代美術センター
写真：(Nicolas Waltefaugle)、図面：(隈研吾建築都市設計事務所)

ダリウス・ミヨー音楽院
写真：(Roland Haibe)、配置図：(市ヶ谷出版)、音楽院周辺の鳥瞰：(Google map より)

富山キラリ
写真：(SS・＊鈴木信弘)、図面：(隈研吾建築都市設計事務所)

スイス連邦工科大学ローザンヌ校（EPFL）アートラボ
写真：（Michel Denance、Valentin jeck and joel tettamanti）、図面：（隈研吾建築都市設計事務所）

ポートランド日本庭園
写真：（Jeremy Bittermann）、図面：（隈研吾建築都市設計事務所）

新国立競技場
パース提供（独立行政法人　日本スポーツ振興センター）、国立代々木競技場：（市ヶ谷出版）、新国立競技場の周辺緑地：
（市ヶ谷出版）、法隆寺五重塔：（日本の伝統木造建築　光井渉・市ヶ谷出版）、写真：（北生康介）

歌舞伎座
配置図：（市ヶ谷出版）、写真：（＊小川泰祐、隈研吾建築都市設計事務所）、第一代から第四代歌舞伎座：（歌舞伎座 HP kabuki-za.co.jp　歌舞伎座の変遷より）、第四代目歌舞伎座の断面図：（建築資料集成　建築—文化　7　日本建築学会編）、図面：（隈研吾建築都市設計事務所）

La kagu
写真：（Keishin Horikoshi/SS Tokyo）、図面：（隈研吾建築都市設計事務所）

アントレポット・マクドナルド
写真：（Guillaume Satre）、図面：（隈研吾建築都市設計事務所）

北京　前門地区
写真：（北生康介）、図面：（隈研吾建築都市設計事務所）、配置平面図：（隈研吾建築都市設計事務所＋市ヶ谷出版）、ローマのネットワーク型都市構造（ノリの地図）：（外部空間の構成原理　ashihara.jp より）

あとがき

　この本に書かれていることは、日本の建築教育の中では、誰も教えようとしなかったことです。なぜなら、大きい建築はそもそも悪者で、そんな悪者について教えたり、語り合ったりする必要はないという空気が、日本の建築界を支配していたからです。
　「大きい建築ができたら、悪口を言いなさい」と、いうのが、日本の建築界のシキタリでした。あんなデカイものができちゃって、あの街は台無しになった、昔の路地はよかったと言えば、知的で良心的な人だと思われるのが、決まりだったのです。
　しかしその日本独特の思考停止のおかげで、日本の都市が良くなったり、ヒューマンな都市空間になったかというと、まったく逆で、大きな建築についての具体的、実践的な議論の不在は、日本の都市空間をかえって貧しく、つまらないものにしました。

　僕はまったく逆に、大きい建築がどうやったら人を幸せにし、ヒューマンな都市をつくる道具になりえるかを、できるだけに具体的に論じようと試みました。
　そういう視点からみると、街の大きな建築も違う目で見えてきました。「あの壁をもう少し傾けるだけで、もっと楽しい広場になったんじゃないか」、「あの建築を構成する単位寸法をもう少し小さくするだけで、違う町に生まれ変われるんじゃないか」そんなアイデアがいろいろ湧いてきました。そういう具体的、実際的議論に若い人達、学生たちをもっともっと巻き込まないと、社会から愛され、社会のためになる建築家は育ちません。都市は変わりません。

　最近の大学の設計課題は、その場所に何を建てるかを提案するタイプのものが多いのですが、その時も大きな建築に挑戦しようとする学生は笑いものになります。「そもそも、ここにこんな大きなものを建てる必要があるのか、そのお金はどこから出てくるんだ、税金の無駄遣いじゃないのか、そのメンテナンスコストは誰が負担するんだ。」こんな風に、先生にすごまれたなら、学生は一瞬で委縮してしまいます。社会的経験もなく、経済にも疎い若者が、こんな質問に答えられるわけがありません。
　建築に対する社会のまなざしは、バブル崩壊以降、厳しいものに変わりました。だからといってそのストレスを学生・若者にぶつけたら、あまりにかわいそ

うです。ぶつけられた学生は、大抵、「建築なんかもうやめよう、こんな息苦しい社会にいたって、いいことなんて何にもない」と思うでしょう。

　とはいっても、環境を大事にするこの時代、この社会が大きい建築に対して批判的であることも、しっかりと学生には教えなくてはいけません。あれこれ考えた末、僕はこういうやり方で学生に接します。

　「こんな大きな建築を突然提案したら、隣の敷地の住民は絶対に反対運動を起こすよ。そういう時代だよ。君が隣に住んでたって、絶対怒り出すはずだよ。その人達が納得する形、納得してくれるデザインを考えて、その説明の仕方もしっかり勉強しないとダメだよ。」

　その前提に立って納得してもらうための具体的な方法、説明方法、相手との話し方を教えます。僕自身が遭った様々な痛い目、様々な失敗談を交えることが大切です。建築の設計という仕事の本質を、わかってもらいたいし、その辛抱（しんぼう）のプロセスに耐えてこそ、社会から愛され、コミュニティから愛される建築ができあがることを教えてあげたいのです。

　「大きい建築なんて」といって、大きい物から目を背ける人ばかりになってしまったら、都市はお終いです。都市を終わらせないために、人間が生きる場所をなくさないために、僕は失敗と痛い目の話をしつづけ、そこから得た体験と知恵を伝えたいと思います。

　そういう思いで書き始めたのがこの『場所原論II』（大きい建築編）、別名「辛抱編」です。長丁場の辛抱のプロセスを書くと際限なくなるので、最終解決策の記述が中心となりますが、そうすると、スーパーな解決策を最初から思いついたように思われるかもしれません。そんなことは一度たりとなく、各方面から叩かれ、ヨレヨレになりながら、やっとのことでここに示したような解決策に到達しています。

　この叩かれ、ヨレヨレの自分をさらしたいと思っても、テキストという形になると、格好をつけたようになってしまいます。そのように見えたら申し訳ありません。もっと楽しく失敗談を語れる別の機会を考えてみます。

　　2018年3月　　　　　　　　　　　　　　　　　　　　　隈　研吾

（写真撮影　北生　康介）

隈　研吾　Kengo Kuma

1954年　横浜で生まれる。
1979年　東京大学工学部建築学科大学院修了
1985年　コロンビア大学客員研究員
2001年　慶應義塾大学教授
2009年　東京大学教授

現　在：隈研吾建築都市設計事務所
　　　　東京大学教授
著　書：「自然な建築」、「負ける建築」（岩波書店）、「反オブジェク
　　　　ト」（ちくま学芸文庫）、「新・ムラ論 TOKYO」（集英社
　　　　新書）、「場所原論」（市ヶ谷出版社）など多数
主な作品と受賞：
　　　　「森舞台／登米町伝統芸能伝承館」（1997年：日本建築学会
　　　　賞）、「那珂川町馬頭広重美術館」をはじめとする木の建築
　　　　でフィンランドよりスピリット・オブ・ネイチャー、国
　　　　際木の建築賞、「サントリー美術館」、「根津美術館」（2010
　　　　年：毎日芸術賞）

[協力]　隈研吾建築都市設計事務所
　　　　原稿管理　　　　稲葉麻里子

場所原論 II ──建築はいかにして都市と統合できるか──

2018 年 4 月 18 日　初版印刷
2018 年 4 月 25 日　初版発行

執筆者	隈　　研　　吾		
発行者	澤　崎　明　治		
企画・編修	澤崎　明治	印刷	新日本印刷
編　　修	鈴木　信弘	製本	ブロケード
	大村　和哉	装丁	加藤　三喜
	佐藤　　勉	DTP	丸山図芸社

発行所　　株式会社　市ヶ谷出版社
　　　　　東京都千代田区五番町 5 （〒 102-0076）
　　　　　電話　03-3265-3711 （代）
　　　　　FAX　03-3265-4008
　　　　　ホームページ　http://www.ichigayashuppan.co.jp

ISBN978-4-87071-300-0

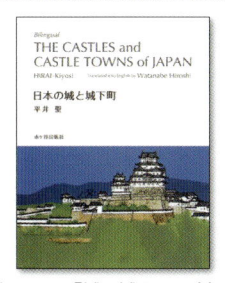